GRAMPO FEDERAL

EDUARDO BURCKHARDT

GRAMPO FEDERAL

UM ESPIÃO AMERICANO
EM SUA MAIS COMPLICADA MISSÃO:
ENTENDER O BRASIL

LeYa

Revisão de texto: Thiago Brigada
Diagramação: Abreu's System
Produção Gráfica
Direção: Eduardo dos Santos
Gerência: Fábio Menezes

CIP-BRASIL. CATALOGAÇÃO-NA-FONTE
SINDICATO NACIONAL DOS EDITORES DE LIVROS, RJ

Burckhardt, Eduardo
Grampo federal / Eduardo Burckhardt. – Rio de Janeiro: LeYa, 2014.
144 p.

ISBN 978-85-441-0071-4

1. Literatura brasileira – Ficção I. Título

14-0553 CDD: B869

2014

TEXTO EDITORES LTDA.
[Uma editora do Grupo LeYa]
Rua Desembargador Paulo Passaláqua, 86
01248-010 – Pacaembu – São Paulo – SP – Brasil
www.leya.com.br

Nota do Editor

Esta é uma obra ficcional, uma sátira política,
baseada nos grandes temas dos últimos tempos,
que cita nomes e fatos reais, porque são
os personagens do momento.
Todas as conversas são inventadas e especulativas.

PASTA
O JARDINEIRO FIEL

Bem-vindo, espião!

Duas observações importantes sobre o Brasil:

1) Caipirinha não é suco.
2) Não tente entender a política brasileira.

Que a força esteja com você.

Encontrei o bilhete no primeiro dia de trabalho como espião-chefe da Base Brasil. Dobrado em quatro partes, estava no fundo da gaveta da minha mesa e levava um lacre de cera vermelha com o brasão da *National Security Agency* (NSA). Achei estranho. As normas do serviço secreto americano proíbem mensagens particulares entre espiões nas transferências de posto. Aquele papel certamente havia sido deixado para mim pelo antigo coordenador do QG de Brasília.

O motivo da primeira observação constatei em uma missão externa. Quando o quarto drinque "bateu", tive que acionar nossa equipe secreta de interceptação e escolta. Nem a *drunk-*

-*after pill* que consta em nosso kit de sobrevivência deu conta da ressaca. Descobri que caipirinha não é suco, realmente, mesmo para um agente que alcançou *Level* 10 no treinamento de resistência alcoólica feito na Base Rússia.

O segundo aviso me deixou preocupado. "Não tente entender a política brasileira". O que ele queria dizer com isso? Sou um espião no último estágio para alcançar o *Golden Eagle Supreme*, posto máximo do plano de carreira dos agentes na NSA. Não posso me permitir deixar alguma informação incompleta ou mal compreendida. Os olhos dos meus superiores estão sobre mim – e a microcâmera na estatueta do presidente Obama em frente à minha mesa não me deixa esquecer.

Suspeitei que era um teste plantado para pôr à prova minha perseverança. O GC Central costuma armar exames surpresa para seus agentes. Quem comete deslizes tem dois destinos, de acordo com o grau de erro: volta para serviços burocráticos nos Estados Unidos ou é exterminado. Sou um espião experiente, com missões em doze Bases da NSA pelo mundo e autor de 143 *cases* de investigação documentados pela Agência. Não caio em qualquer arapuca.

A observação escrita no bilhete teve efeito contrário. Ao invés de deixar para lá, me debrucei sobre a política brasileira nos anos que estou no país. Montei uma megaoperação de espionagem no centro do poder e suas ramificações. Ampliei as Células locais da NSA para todos os estados, instalei grampos telefônicos do Palácio do Planalto ao gabinete de vereadores, modernizei os programas de rastreamento cibernético e ainda criei um novo núcleo. O departamento pioneiro reúne os *Mil-*

lennial Spies, jovens agentes da Geração Y especializados em investigações nas mídias sociais.

O empenho está sendo reconhecido. As descobertas chocantes que fizemos durante os governos dos presidentes Luís Inácio Lula da Silva e Dilma Rousseff tornaram a Base Brasil um dos mais importantes centros de investigação da *National Security Agency* no mundo. Ultrapassamos escritórios de peso, como o do Irã, de Cuba e da Coreia do Norte.

Para dar conta do volume de relatórios produzidos, transformei em arquivo o terceiro andar do nosso QG subterrâneo, localizado na Asa Norte de Brasília e camuflado no nível térreo como um restaurante de comida *tex-mex*. Pela importância dos dados que preserva, adaptei o andar como uma caixa-forte protegida por leitor de pupila, reconhecimento de voz, impressão digital e senha numérica.

É praticamente impossível romper essa barreira de segurança. Mesmo se ela for ultrapassada, dificilmente o invasor vai compreender nosso sistema de documentação. As transcrições dos grampos telefônicos e relatórios referentes a um mesmo tema são reunidos em pastas. Para confundir espiões inimigos, as nomeamos com títulos de filmes populares ou de séries de TV. Apenas os agentes internos sabem a relação exata entre o nome da pasta e o assunto que ela contém. Outra estratégia de despiste é não dispô-las em ordem cronológica. Misturamos escutas feitas há 5 anos com investigações atuais, por exemplo.

Se por um milagre a caixa-forte for violada, o invasor terá acesso ao mais completo material já reunido dos bastidores da política, economia e sociedade brasileira. Também poderá ler minhas interpretações sobre os cenários apresentados pelos grampos telefônicos e outros meios de investigação. Porém, há um sistema de segurança final. O agente invasor será implodido junto com o QG ao tentar sair com as pastas se não repetir por três vezes, sem distorções de voz entre elas, a seguinte senha: "Desculpe a bagunça, estamos no Brasil".

PASTA
HOUSE OF CARDS

GRAMPO #1613

– Patriota, que loucura é essa de espionagem?

– Um rapazinho que trabalhava para o serviço secreto americano decidiu jogar merda no ventilador, Dilma.

– Isso eu sei, né? Está nos trending topics *do Twitter há um mês. Quero saber é desse lance de meterem o bedelho no Brasil.*

– Tomamos conhecimento hoje. Estamos apurando. Parece que eles investigam a gente há algum tempo.

– AI-MEU-DEUS! Choquei agora. Olha só: ultimamente, em todo lugar que vou vejo o mesmo homem. Um grandão, loiro, forte, com toda a pinta de James Bond, sabe? Ele sempre fica assim meio de lado, como quem não quer nada. Esses dias, eu ia arriscar e dar uma piscadinha. Vai que... Mas ele virou a cara. Que dissimulado! Era o espião!

– Olha, não sei se...

– Ah! Espera aí que te mando uma foto. Tirei escondido para mostrar o paquera para a Erenice. Estou enviando já via WhatsApp.

– Recebi aqui. Dilma... Esse é o Claudião, o novo segurança.

– Hunf...

– Pelo que sabemos até agora, eles espionam e-mails, ligações e dados. Tinham uma estação em Brasília em parceria com a CIA, mas parece que funcionou só até 2002.

– Ah, se a gente soubesse! Deviam ter uns bons podres do FHC para nossos dossiês-bomba.

– Acho que estão mais interessados em questões relacionadas à extração de petróleo e novas jazidas. Também em informações sobre política externa, não pormenores de assuntos locais. A embaixada do Brasil em Washington e a representação da ONU, em Nova York, podem ter sido monitoradas.

– Que bafo! E o que a gente faz agora, hein?

– Já estou redigindo em carta exigindo explicações aos Estados Unidos sobre a espionagem. Eles têm que nos dizer que dados coletam e de que maneira.

– Boa! Não podemos deixar barato.

– Exatamente. Temos que pegar pesado. Acho que vale aproveitar a reunião em Genebra para tomar a frente na discussão. Podemos propor à ONU a criação de normas que garantam a segurança cibernética dos cidadãos e preservem a soberania dos países. E ainda...

– Tá, tá, tá... Essa história me deu uma enxaqueca monstro. Podemos falar melhor sobre o tema amanhã, ok? Só queria te pedir uma coisa antes.

– Quer que eu intime o embaixador americano? Reúna emergencialmente líderes de outros países espionados? Tente um contato direto com o Obama?

– Não, não... Relaxa, Patriota! Queria só saber como consigo o telefone do Claudião.

GRAMPO #1624

– Patriota, você viu o Fantástico?

– Sim, Dilma. Já estou tomando providências.

– Me conta direito. Estava distraída colocando a pipoca no micro quando vi minha fotinho na tela.

– Parece que é muito mais grave do que prevíamos. Eles mostraram documentos ultrassecretos com uma apresentação da NSA sobre a operação no Brasil.

– Ai, meu pai!

– Você e seus assessores foram alvo direto da espionagem.

– Cruzes! Mas eles tinham acesso a que dados?

– Provavelmente e-mails, mensagens e ligações.

– Ufa! Então beleza.

– Hein?

– É que há um tempo nos comunicamos mais por bilhetinhos e pessoalmente sobre assuntos importantes. Tudo para evitar que a revista-que-não-falamos-o-nome descubra de alguma maneira.

– Ok. Mas qual era a sua preocupação, então?

– Meu Facebook pessoal secreto. Vai que eles descobrem as cutucadas que andei distribuindo por lá. Aí, sim, eu estava frita.

O temido Edward Snowden é motivo de piada na NSA. Nos corredores da sede e nos *hangouts* semanais promovidos entre os espiões de todas as Bases, é chamado de "O Desinformante". O apelido faz alusão ao filme no qual Matt Damon dá vida a um patético colaborador do FBI. Há anos sua tendência para a traição foi detectada por nossos superiores. Desde então, ele passou a ser uma peça-chave na megaoperação para encobrir as ações da NSA.

As informações que o serviço secreto americano gostaria de vazar para a imprensa e os governos eram enviadas para o setor de Snowden. Sabendo de seu intelecto desprovido de brilhantismo, tínhamos que colocar *top secret* em quase todos os documentos. De outra maneira, não chamavam sua atenção – mesmo que fossem os planos para uma nova bomba atômica. Porém, "O Desinformante" estava demorando demais para soltar o ímpeto justiceiro. Entrou em ação a espiã de codinome *Good Wife*. Ela o conquistou, virou sua namorada e passou a alimentar, indiretamente, o perfil de traidor do rapaz. "*Honey*, acho que os Estados Unidos se acham o dono do mundo, né? Já pensou se surge uma pessoa capaz de revelar os podres, sei lá, do serviço secreto? Ele seria um herói internacional! *So hot*". *Good Wife* sabia os pontos fracos de Snowden.

A revelação dos dados "confidenciais" foi um sucesso. Plantamos informações suficientes para ocupar os departamentos de inteligência e a ONU por um bom tempo. Dessa forma, cumprimos o objetivo principal: desviar a atenção e encobrir as verdadeiras operações secretas que realizamos *around the world*. Os grampos recentes, por exemplo, comprovam que Dilma, o ministro das Relações Exteriores e sua equipe vão gastar esforços tentando desvendar pistas falsas.

Eles nem desconfiam que nossa ação no Brasil é muito mais complexa. Temos Células espalhadas por todas as regiões. O acesso a escutas telefônicas, e-mails e mensagens tem foco no governo federal, mas podemos rastrear qualquer cidadão. As investigações no país são direcionadas para três frentes. O departamento de

Recursos Naturais tem um importante centro secreto de pesquisa na selva amazônica em parceria com as tribos locais. Há décadas ele fornece dados para a criação de novos medicamentos e antecipa para os EUA informações essenciais para a guerra hídrica que deverá acontecer nos próximos séculos. Esse departamento atua em parceria com o núcleo Econômico. Eles unem esforços especialmente nas investigações sobre o setor agroindustrial, mineral e petrolífero nas demais regiões.

Porém, um dos mais importantes centros de espionagem no Brasil é o Político-Antropológico. O país é um verdadeiro laboratório de técnicas de corrupção. Ela está disseminada em todos os setores da sociedade, do seu nível mais básico, conhecido informalmente como "jeitinho brasileiro", a graus elevados na alta casta política. Para os Estados Unidos, é assunto estratégico conhecer esse *modus operandi*.

Pioneiro na criação de avançadas manobras para desvios de verba pública, uso da máquina administrativa para fins diversos e aparelhamento do Estado, calculamos que, nos últimos dez anos, o Brasil já desenvolveu um atrativo *know-how* para exportar o conhecimento a outros continentes. As parcerias com países da América do Sul e Central nos mostram a viabilidade de coordenar entre nações as estratégias de criação de planos de poder.

É uma ameaça planetária. Países suscetíveis à entrada de novas técnicas de corrupção e de fazer política, especialmente os emergentes e os do Terceiro Mundo, podem ficar encantados com as possibilidades que elas oferecem. Os resultados: fortalecimento do poder central com tendências ditatoriais travestidas de democracia; manutenção do governo por meio de práticas assistencialistas; estagnação ou implosão econômica;

e adoção de sistemas burocráticos que criam uma rede de delitos, como extorsão, propina e falsificações.

Tendo em vista a possibilidade de alastramento das práticas, decidimos investigá-las direto na fonte. Tudo para podermos nos antecipar a elas e evitarmos riscos para o governo americano em futuras parcerias comerciais ou políticas. Outro objetivo é munir as Bases ao redor do mundo dos *cases* documentados no Brasil para que os espiões consigam identificá-los em seu estágio inicial e comunicar ao escritório central da Agência.

Além de sede desse importante centro de pesquisa, que deu à Base Brasil uma posição de destaque na NSA, o país também é palco de teste da operação dos *Milllenial Spies*. Os resultados têm sido excelentes, visto o desprendimento dos brasileiros em compartilhar dados nas redes e utilizar o sistema de mensagem do Facebook como substitutivo do e-mail. Fazemos a varredura com um programa de palavras-chave e temos acesso a todos os usuários. Sim, Dilma, você não sabe, mas sua preocupação procede: sabemos quem você andou cutucando e, inclusive, as pessoas que marcou no *Bang With Friends*.

RELATÓRIO/GRAMPO #1613

Solicito permissão para ampliar a operação do espião-colaborador de codinome “Claudião” junto à Presidência da República Federativa do Brasil. Possibilidade de obtenção de dados ultrassecretos direto da fonte.

Enviar o seguinte comunicado ao presidente Barack Obama: “O rato está na ratoeira, mas ainda não comeu o queijo”. Ele vai entender.

GRAMPO #1635

– *Giles, traga agora o* Red Phone.

– *O telefone de linha direta com o Obama?*

– *E tem outro, rapaz?*

– *Desculpe, Dilma.*

– *E diga para o Lula e os ministros entrarem. Quero eles aqui na sala ouvindo o sabão que vou passar no Obama.*

[...]

– Hi Obama, this is Dilma speaking, *presidenta* of Brasil.

– Excuse me, Dilma, but the correct in English is president, whithout the "a".

– *Olha, bora falar português, ok? E não vou entrar nessa discussão. Quando eu assumi instituí que seria presidenta e é presidenta, ok? Não me venha com seus anglicanismos preconceituosos de superpotência. Por favor, respeite minha posição de mulher e as conquistas femininas. Sou a primeira presidenta do Brasil, pô! Assunto encerrado. Vamos ao motivo do telefonema.*

– *But in English... Well... Okay...*

– *Seguinte, quero que saiba que estou aqui na sala com o Lula e mais uma caralhada de ministros. Vou colocar no viva-voz para eles ouvirem quem manda por aqui agora.*

– *Dilma, eu e você sabemos que o* Red Phone *não permite viva-voz.*

– *Ah, me pegou! Mas eles vão continuar aqui do mesmo jeito escutando o que tenho para dizer.*

– *Faça o que achar melhor.*

– *Estou chateadérrima com você. Mandamos vários pedidos de explicações sobre a espionagem americana no Brasil e vocês nem tchuns. O que vocês fizeram é inadmissível! Inaceitável!*

– Dilma, lamento a repercussão negativa que o caso tomou.

– Só lamenta? Como assim? Queremos explicações, pedido de desculpas, joelho sangrando no milho!

– Coloco à disposição nossos técnicos para informações complementares sobre o tema.

– É muito abusado... Quer saber? Cansei desse papinho. Estou cancelando nosso jantar de Estado na Casa Branca!

– Perdão, tenho que consultar minha agenda. Não estou recordando...

– Não se faça de desentendido! Em outubro. O encontro para falarmos de petróleo e venda de aviões.

– Um minuto. Okay. *Realmente, está aqui. Tudo bem, se deseja cancelar, estou riscando o compromisso.*

– Mas...

– Se era apenas isso que a senhora tinha para me comunicar por hoje, uma boa tarde, Dilma. Bye.

– Mas... Mas...

– [Tu, tu, tu, tu...]

– Não adianta insistir, Obama! Minha decisão já está tomada. NÃO vou para o jantar de Estado na Casa Branca. Estão o Lula e os ministros aqui na minha frente como testemunhas dessa decisão! Entendeu ou quer que eu desenhe?

– [Tu, tu, tu, tu...]

– Não me importa se a Michelle já preparou o cardápio, mandou polir a prataria e engomar os guardanapos de linho. Quis dar uma de espertão? Você que se resolva com ela!

– [Tu, tu, tu, tu...]

– Ah! Está sentindo agora o que é mexer com o Brasil, não é? Achou que podia nos espionar e ficar por isso mesmo. Muita arrogância de sua parte mesmo.

– [Tu, tu, tu, tu...]

– Não, agora não adianta me pedir desculpas. Engole esse choro!

– [Tu, tu, tu, tu...]

– Tem mais! Na Assembleia-Geral das Nações Unidas você vai sentir na pele o que é provocar o Brasil. Está na hora dessa gente bronzeada mostrar seu valor.

– [Tu, tu, tu, tu...]

– Vou liderar um levante de todas as nações contra os Estados Unidos e seus métodos nefastos de espionagem.

– [Tu, tu, tu, tu...]

– Não adianta suplicar! Chega de ficar repetindo presidenta certinho mil vezes achando que vai me amolecer.

– [Tu, tu, tu, tu...]

– É isso que vai ser feito. Vou colocar você no seu devido lugar, senhor Barack Obama.

– [Tu, tu, tu, tu...]

– Olha, cansei desse mi-mi-mi. Odeio homem chorão. Da próxima vez, pense melhor nos seus atos. Passar bem.

– [Tu, tu, tu, tu...]

Dilma, *dear* Dilma... Você fez exatamente o que pretendíamos. O Obama estava querendo fugir desse encontro tanto quanto o Lula foge do SUS. Ele havia marcado o jantar antes de receber os relatórios conclusivos da Base Brasil da NSA. O presidente ainda tinha em mente uma Petrobras pujante, idônea, ícone de pesquisas de alta tecnologia e base sólida para o crescimento econômico. Uma empresa ideal para ser parceira dos Estados Unidos. Porém, a par dos dados que coletamos, Obama começou a repensar se é o momento certo para fazer novos negócios com a petroleira.

No relatório de 343 páginas, ressaltamos que a Petrobras ainda tem, sim, um potencial de ouro no mercado petrolífero mundial. Porém, tínhamos que alertá-lo sobre os riscos eminentes. Dissecamos o aparelhamento político pelo qual passou a estatal brasileira. As imposições partidárias para ocupar alguns dos cargos mais importantes. O acesso a cifras públicas bilionárias fez, como se diz no Brasil, a mão coçar. "O que significa isso? Quer dizer que fizeram mágica com esse dinheiro? Multiplicaram os investimentos?", perguntou Obama durante a apresentação do resumo em *PowerPoint*. "Não, *my president*, significa que alguns deles viram uma oportunidade que nem o maior dos corruptos esperava ter nas mãos". Ele continuou sem entender bem a expressão, mas compreendeu o contexto.

Obama ficou especialmente intrigado com um caso que descobrimos nos grampos, mas não podemos revelar publicamente. Ele envolve Paulo Roberto Costa, diretor de abastecimento da Petrobras de 2003 a 2012. Nossa equipe de espiões-designers elaborou um infográfico que, sem modéstia, renderia prêmios caso pudesse ser divulgado. Os slides mostravam a trajetória do engenheiro desde sua indicação para o cargo com o apoio de políticos da base governista até o comando de um esquema milionário de arrecadação de propina dentro da estatal. Telas interativas que preparamos esmiuçavam como funcionava o sistema de cobrança de pedágio para empresas que gostariam de prestar serviços e vender produtos para a Petrobras. O gráfico também apresentava a parceria de Paulo Roberto com o doleiro Alberto Youssef.

"O que é um doleiro?". Tinha receio que Obama fizesse a pergunta. Confesso: nem eu sei direito como explicar essa "profissão". Creio que pode haver vários tipos de doleiro. Porém, minha análise é empírica e leva em questão aqueles aos quais tive acesso nas escutas. Nesse caso, ele é um facilitador para operações desonestas. Qual outra explicação para um "profissional" ter que criar empresas fantasma, passear por aí com malas repletas de dinheiro em espécie e falar em códigos pelo telefone? Poderia passar a tarde toda citando suas práticas, mas decidi encurtar a conversa. Para Obama, *time is power*.

"*My God*! Eles devem agir no submundo, como as máfias, *no*?". Não, *my president*, os doleiros têm acesso privilegiado ao centro do poder. Eles conseguem reuniões em ministérios e têm como parceiros diretórios de partidos, empreiteiros e políticos do alto escalão. São "profissionais" que conseguem contratos milionários com setores do governo federal e até participam de viagens de negócios oficiais. No caso da Petrobras, por exemplo, Youssef era o braço-direito do diretor da estatal no esquema de cobrança de propina. Ainda não traçamos o destino do dinheiro arrecadado, mas acreditamos que tem relação com a política. E assim se completa o ciclo. Um *Thank You!* desenhado com petróleo escorrendo para um poço sem fundo aparece no último slide para um final dramático.

Obama ainda estava com a mão no queixo – tique característico para quando está pensativo – quando perguntei se poderia iniciar a segunda parte da apresentação. "*More? Really?*". Expliquei que tínhamos preparado outro relatório. Neste, demonstrávamos como a Petrobras vem acumulando prejuízos bilionários por conta de jogadas econômicas para manter a ilusão de níveis estáveis de inflação no Brasil. Nem precisou abrir o *PowerPoint*. O presidente decidiu que teríamos que apressar a revelações de Edward Snowden. O objetivo seria criar uma situação desconcertante com o governo brasileiro e forçá-lo a desistir do jantar de Estado na Casa Branca.

Saí do Salão Oval, liguei imediatamente para espiã *Good Wife* e cobrei urgência. Duas semanas depois, o *Guardian* e o *Washington Post* publicavam as primeiras reportagens. O sucesso completo da operação se confirmou com a ligação de Dilma para o presidente. Só gostaria de poder avisá-la para não insistir em novos recados na secretária eletrônica do *Red Phone*. De nada adianta ela ligar a cada pouco passando as datas livres da sua agenda. Obama está decidido. Tudo indica que não vai remarcar esse encontro tão cedo.

RELATÓRIO/GRAMPO #1635

O rato comeu o queijo na ratoeira. Missão cumprida com sucesso.

A equipe da Base Brasil parabeniza publicamente a espiã *Good Wife* pela excelência, sangue frio e entrega à operação "O Desinformante".

GRAMPO #1728

– Oi, Dilma, é a Graça.

– E aí, Gracinha, tudo em cima com a nossa galinha?

– Galinha?

– Aff... Odeio explicar piada... Galinha dos ovos de ouro, Graça, a Petrobras!

– Nem inventando mais pré-sal para dar uma aliviada, viu... Está feia a coisa. Te liguei porque as notícias não são boas.

– Pega a ficha e entra na fila.

– Hum... Onde eu poderia pegar...

– Aff... Tudo bem, já vi que não rola um timing. *Então vamos ao que interessa. Fala, mulher!*

– Estourou Pasadena.

– Como assim, aquela tranqueira explodiu de vez?

– Seria bom se tivesse acontecido assim, literalmente, pelo menos ganhávamos o seguro... Estourou o caso na imprensa.

– Ai, bem que senti minha orelha quente hoje cedo.

– Rarará!

– Aff... Não foi piada... Estou falando sério agora, ok? E aí, descobriram que fizemos lambança?

– Bom, sabem que gastamos mais de 1 bilhão de dólares em uma refinaria que valia 42 milhões.

– Ah, essas contas generalistas. Que mania dessa gente! E eles já acharam o lance das cláusulas do contrato?

– Mencionam a Put Option, *a* Marlin *e todo o resto. Estão batendo nessa tecla, claro, para te envolver mais no caso.*

– Queria ver se fosse com eles, sabe? Duvido que esses jornalistas leiam todas as letrinhas miúdas dos tarja-preta que tomam para ficar numa nice. *Como querem que eu lembre se li ou não o rodapé de um contrato chatérrimo assinado há sei lá quantos anos.*

– Bom, mas como presidente do Conselho de Administração da Petrobras na época...

– Tá, tá, tá! Não importa isso agora. Temos que pensar no que fazer.

– Usar o "Eu não sabia de nada"?

– Muito manjado.

– Imprensa golpista?

– Essa já faz parte da rotina.

– Podemos descobrir algo do PSDB para lançar em cima, desviar a atenção.

– Hum... é uma opção. Mas acho que não a ideal.

–Falar a real?

– Não é o momento de inovar, Graça... Se bem que podemos deixar como efeito surpresa. Pode anotar essa.

– Ok.

– Ei, boa parte da culpa não foi do Cerveró? Não era ele o diretor da área internacional da época? Não foi ele que passou

aquele resumão para o Conselho sem as tais cláusulas que nos ferraram?

– Pois é, foi.

– Então vamos num misto de "Eu não sabia de nada" com sua ideia de falar o que aconteceu. O Cerveró que não apresentou as letrinhas miúdas e, para nós, ficou parecendo um negocião. Só não vai exagerar na transparência, ok?

– Fechado.

– Se te chamarem para prestar esclarecimentos, explica tudo e diz que o Cerveró não tem um olho bom para economia.

– Hum... Isso foi uma piada, não foi?

O trabalho de um espião não é fácil. As pessoas veem os filmes do James Bond e imaginam que todos vivem em um mundo de carrões, mulheres deslumbrantes, ternos bem cortados, restaurantes e festas nababescas. Sim, esse universo existe, mas está restrito aos *Golden Eagle Supreme*. Havia apenas dois deles no mundo em atividade até o ano passado. Depois da sindicância que exigiu a renúncia de Tom Cruise por exposição indevida das técnicas nas sequências de *Missão Impossível*, apenas um segue com a condecoração máxima e todas as benesses que ela permite. Eu, particularmente, acredito que David Beckham encarna demais o personagem e o *Golden* subiu-lhe à cabeça. Mas não convém a um *Silver* que almeja a promoção questionar a Base USA.

O restante de nós passa por uma série de privações e desafios durante a estada nos escritórios locais. Alimentação à base de comida desidratada e sem luz solar nos *bunkers* da China, que exige maior discrição. Desenvolver resistência etílica para as operações em campo na Rússia. Suportar calor de mais de 50 graus nas tendas-camuflagem no deserto iraquiano. Não tomar banho na França para conviver entre os *targets* sem despertar estranhamento. Ou fingir gostar de futebol e aprender o futebolês no Brasil.

Apesar de todos os sacrifícios, há momentos de lazer. O Caso Pasadena é um deles. Quando identifiquei nas escutas a possibilidade de compra dessa refinaria nos Estados Unidos, fiquei em estado de alerta. Nos relatórios, constava que sua planta era de 1920 e há décadas não passava por um processo de modernização. Estruturas envelhecidas, eficiência aquém de refinarias de mesmo porte, praticamente um elefante branco poluidor pronto para ser sacrificado. "Por que a Petrobras iria se interessar por uma sucata? Deve ter algo por trás dessa negociação". Apertei imediatamente o *Yellow Bottom*. Ele dispara um alerta de atenção para o QG central e todas as Bases – um estágio anterior ao *Red Bottom*, que configura reação máxima, com envio de caças para interceptação de *targets*.

Redobrei a atenção nas escutas sobre Pasadena. Porém, tudo parecia transcorrer como uma compra normal. A certeza de que não era preciso me preocupar veio com o auxílio do espião da Base Bélgica. Ele recebeu o alerta e começou a monitorar as ligações dos executivos da Astra, dona da refinaria. A sequência de conversas entre eles acabou entrando na compilação *Funniest Calls*. Trata-se um apanhado das escutas mais divertidas coletadas pela NSA em todas as Bases e com *download* gratuito no iSpy. *Just for fun*. Quando estou em momentos de estresse, sempre coloco para tocar:

ÉCOUTE #33

– *Allô?*

– Oi, Mike, é o Terry. Você não vai acreditar. Sabe aquela nossa refinaria no Texas?

– Sei, Pasadena, o sucatão. Não vai me dizer que caiu.

– Nada. Tem gente interessada nela

– Quem é o louco?

– A Petrobras, do Brasil.

– Jura? Quem está negociando?

– O Alberto, que trabalhou uns 20 anos lá. Ele disse que a gente pode meter a mão bonito porque a Petrobras não tem nenhum problema em gastar dinheiro.

– Mas, rapaz, então toca em frente!

– Ok, presidente.

ÉCOUTE #67

– *Bonjour*, Mike.

– Diga, Terry.

– A Petrobras quer fechar o negócio.

– Não creio. Tem certeza que é Pasadena?

– Total. Chuta quanto.

– Ah, compramos por 42 milhões ano passado... Ela deu uma valorizada... Uns 25 milhões pela metade?

– 360.

– Mil?

– Milhões.

– Mas, rapaz, assina logo esse negócio! Podem levar de porta fechada. Deixo até o pôster do Tintin no escritório para eles.

– É por metade da empresa, não ela inteira. Uma parte pelos papéis e a outra pelo petróleo.

– AMÉLIE! AMÉLIE! Venha cá, menina! Põe para gelar o champagne.

ÉCOUTE #139

– Mike. Você não vai acreditar.

– Ah, não! Descobriram a enrascada e desistiram.

– Nada. Fechamos.

– Mas qual a surpresa?

– Toparam assinar com uma cláusula que os obriga a comprar nossas ações em caso de briga e outra que nos garante lucro anual de quase 7%.

[...]

– Mike... Mike... Estamos em um *video call* e consigo ver sua dancinha daqui... Tira a gravata da cabeça e põe a calça, por favor...

ÉCOUTE #210

– *Bonjour*, Terry. Que pessoal mala sem alça esse da Petrobras, hein?

– É o preço que se paga, né?

– Fazem uma besteira atrás da outra, qualquer decisão é um parto para sair e gastam os tubos. Que empresa é assim extravagante nos gastos?

– As públicas...

– E ainda querem investir mais alguns bilhões na refinaria, acredita?

– No sucatão?

– Exato.

– Só se derrubar e construir uma nova...

– Não estou mais curtindo. Vamos acionar aquela cláusula que obriga a compra da nossa metade.

– A *Put Option*. Demorou!

ÉCOUTE #254

– E aí, Terry. Como anda a negociação de Pasadena?

– Sem novidades ainda.

– *Merde!* Será que descobriram que vale bem menos do que eles próprios nos ofereceram?

ÉCOUTE #438

– *Bonjour*, Mike. Boas novas! A justiça americana determinou que a Petrobras tem que nos pagar.

– Finalmente! Achei que o governo brasileiro iria conseguir enroscar nosso negócio.

– Tentou, mas perdeu.

– Quanto entrou?

– Mais de 820 milhões de doletas na conta.

[...]

– Mike... Mike... Lembre que estou aqui... *Video call...* Sua dancinha...

– Que se dane! AMÉLIE, A CHAMPAGNE!

RELATÓRIO/GRAMPO #1728

Comunicado interno a todas as Bases NSA: hoje o Caso Pasadena voltou à tona no Brasil. Para comemorar e relembrar o *hit* que ficou um ano entre os mais baixados do iSpy, fiz um *mashup* com os melhores trechos das conversas. Também editei um videoclipe da *Pasadena Dancing*, que tanto alegrou nosso trabalho. Já está disponível para *download*. *Enjoy*!

PASTA ATRAÇÃO FATAL

GRAMPO #518

– Ah, Rose, diz que vai!

– Ai, Lula, o pessoal comenta, você sabe.

– E desde quando você deu bola para o que dizem? Lembra do tempo que te chamavam bundão do sindicato? Você ficou puta quando descobriu que os companheiros usavam esse apelido? Não. Até gostou.

– Ah, minha juventude! [Risos]

– Nada, ainda dá um caldo.

– Para, Luís Inácio!

– Mas, e aí, vai na viagem?

– Para onde é dessa vez?

– El Salvador.

– Ai, que horror! Que pobreza. O que você vai fazer lá?

– Nem sei direito, mas o que importa? Quando foi para Alemanha, Portugal, França ou, sei lá, Rússia, você topou na hora.

– Claro, né? Primeiro mundo, gente chique, recepções, comprinhas. Dá até gosto passar direto na alfândega. Mas também já

encarei Paraguai, Guatemala, Gana... E Venezuela, então? Devia ter ganhado diárias extras só por aguentar o xarope do Chaves.

– Mas você ganhou.

– Foi até pouco para aquela tortura.

– Sem você a viagem não é a mesma, Rô.

– E a Marisa?

– Não vai, já confirmei.

– Olha, estou cansada, viu. Sempre aquela história de ter que embarcar na surdina. Já fomos para quantos países juntos? Uns vinte, trinta? E nem no Diário Oficial meu nome pode aparecer!

– Mas tem lugar especial no avião.

– É, disso não posso reclamar. Ok, ok, eu vou. Mas com uma condição.

– Diz.

– Só se você levar a faixa presidencial. Adoro.

No meu trabalho, temos que manter distanciamento das pessoas que espionamos. Ouvir, analisar, reportar. E ponto. Mas como ficar impassível a essa voz? Cada vez que a Rosemary fala, meu coração acelera. A única vez que senti algo semelhante foi quando estava alocado na França. Fazia hora extra só para ouvir Carla Bruni dizer ao Sarkozy, com um tom doce, quase sussurrando: "Você vem jantar em casa, Nic? Fiz *ratatouille* para nós". A diferença é que sabia como era o rosto por trás da voz. Podia imaginar aqueles lábios finos fazendo biquinho ao passar o menu do dia, contando sobre a *lingerie* nova que o aguardava no *boudoir* ou, em tempos de crise econômica, cantando baixinho *Frère Jacques* ao telefone para acalmá-lo.

No caso da Rose, apenas a idealizo a partir das pistas que consegui coletar nas escutas. O apelido "bundão do sindicato" traçou o perfil da cintura para baixo. Dali para cima ainda era nebuloso. Rapina e víbora foram alguns dos adjetivos citados por alguns interlocutores. Porém, percebi que eram atributos de personalidade, não físicos. Rainha, sargentona e, o mais emblemático, namorada de Deus tampouco me ajudaram nesta tarefa.

Decidi me fixar nas conversas dos seguranças do Palácio do Planalto, que se referem a ela como a Luíza Brunet – "Liberar o terceiro andar, Luíza Brunet chegando"; "Marisa foi embora. Luíza Brunet pode sair da toca". Finalmente uma informação mais concreta! Bastou um Google para ter uma imagem com a qual personificar aquela voz. Desde então, para mim a Rose tem a cara da Luíza e as ancas de uma mulata. Ela não canta *Frère Jacques* ao telefone, mas, em compensação, não deixa de ser instigante imaginar que usa a faixa presidencial tal como Marilyn Monroe e seu Chanel nº5.

RELATÓRIO/GRAMPO #518

Confirmada a ida do presidente Luís Inácio Lula da Silva para El Salvador. Motivo da viagem em averiguação. Atenção: avisar o setor centro-americano da operação que, apesar da possível proximidade de Mr. da Silva com uma senhora que o acompanha no avião presidencial, não se trata de Ms. Marisa Letícia, a primeira-dama.

– Lula, pode falar?

– Um minuto, Rose, estou na outra linha.

[...]

Surgiu um caso urgente aqui, me liga depois. [...] *Eu sei que temos que decidir até hoje e que o Congresso está esperando, mas não posso agora. Segurança nacional.* [...] *Não esquenta, depois faço uma MP e conserto tudo.* [...] *Tchau.*

[...]

– Oi, Rose. Transmissão de pensamento! Ia te ligar. Vai rolar Moçambique na próxima semana. Está afim?

– Ultimamente só viagem tranqueira, né? Depois falamos sobre isso, tenho algo mais importante para falar contigo.

– Diz.

– Você teve um tempinho para ver o caso da Mirelle?

– Claro. Está aqui na minha frente a folha: Assessora Técnica na Diretoria de Infraestrutura Aeroportuária. Quase 9 mil de salário. Nada mal.

– É... Para começar está bom. Mas por que será que não saiu nada ainda?

– Ora, a tonta esqueceu de assinar o currículo!

– Ai, avisei a Mi mil vezes! Sorry.

– Hein?

– Quer dizer desculpe.

– Ah, ok. Rô, você tem que dar um jeito nessa menina. Filho a gente dá um empurrãozinho e solta para o mundo. Daí é com eles. Olha só o Lulinha. Fiz umas ligações, falei com amigos e

depois ele seguiu sozinho. Precisa de uma força de vez em quando para consertar umas burradas, mas já anda com as próprias pernas, fez seus milhões, sabe?

– Eu sei, eu sei...

– Faz o seguinte: diz para a Mirelle enviar de novo. Assinado!

– Pode deixar, Lu.

– Ei, só mais uma coisa. Avisa ela que essa porra de papel rosa com cheiro doce pega mal em um currículo. Até eu sei disso.

Ah, essa mulher! Além de poderosa e preocupada com o bem-estar do seu presidente, Rose é uma *mammy* que preza pelo futuro da prole. Tento tirá-la da cabeça e tratá-la como um *target* comum, mas não consigo. Cheguei a ser questionado pelos meus superiores sobre a real necessidade de ampliar as escutas para o escritório da Presidência da República em São Paulo, onde ela tem seu QG. "A maioria das conversas são estritamente de cunho pessoal e ferem o capítulo sobre relevância do *Manual do Espião*", me disseram. Está claro no compêndio que devo me ater apenas a informações de importância política, econômica ou de segurança para os Estados Unidos.

Sou profissional condecorado, respeitado, nível *Silver Eagle Supreme*. Apesar de alimentar uma paixão secreta por Rose, em hipótese alguma faria um pedido para ampliar o território de investigação em benefício próprio. O que meus superiores não entendem é que na política brasileira não há distinção entre o interesse público e o privado. As escutas do QG da Rose às quais eles tiveram acesso apenas parecem conversas de teor particular, mas são um exemplo do *modus operandi* por aqui e devem ser analisadas.

Até compreendo porque a Base USA fez a inquirição. Dias de luxo refestelando-se na jacuzzi de um *resort*; cruzeiro animado pela dupla Bruno & Marrone ("Dormi na Praça" é a música preferida dela, anotei para baixar no iPod); *cassoulet* à luz de velas em restaurantes de primeira linha; customização com *glitter* do abadá para entrar no camarote da Marquês de Sapucaí... Sim, à primeira vista as escutas mostram somente que Rose é uma mulher repleta de amigos ansiosos por adulá-la com mimos e, nada mais justo, estaria ela, enfim, *living la vida loca*.

Porém, tive que explicar para meus chefes que, no Brasil, um *cassoulet* pode valer reuniões com ministros de Estado, pareceres técnicos fraudulentos e cargos de confiança inclusive para aquele parente mais inepto da família. Uma *selfie* com Bruno & Marrone rende desde contratos com o governo à indicação para cargos graúdos em agências reguladoras federais. E a relação íntima com o presidente, então, seria praticamente o *Wonka Golden Ticket*, passaporte VIP para o fantástico mundo dos bastidores do poder.

Demoraram a acreditar na explicação. Mas meu *Silver Eagle Supreme* acabou garantindo o voto de confiança e acataram o relatório e a manutenção da escuta no QG de Rose. O único quesito pendente foi o tal caso do currículo-rosa-cheiroso. Realmente, soa inverossímil o presidente de uma nação preocupar-se diretamente com a contratação de uma moça para um cargo subalterno. "*Like Legally Blonde, really?*

It's a joke, no?", me perguntaram. Não, *my friends*, infelizmente não.

RELATÓRIO/GRAMPO #642

Fica acordado que, a partir do grampo #642, adota-se nos relatórios a denominação "público-privada" para designar conversas de teor particular que mascaram interesses mais profundos relacionados à República Federativa do Brasil.

Fica definido que a cartilha produzida pela Base Brasil com as linhas para a nova denominação deve ser enviada, em primeira etapa, às Bases Argentina, Venezuela, Bolívia, Equador e Paraguai a fim de realizarem adaptações locais para uso.

Enviar um *memo* à Base Itália para checar a necessidade de cartilha semelhante.

Também fica determinado que, a partir do grampo #642, a investigada Rosemary Noronha passa a ter o codinome Willie Wonka nos relatórios oficiais da Base Brasil.

GRAMPO #920

– *Alô?*

– *Oi, Lu.*

– *Alôô?*

– *Lula, sou eu, Rô!*

– *Alôôôô?*

– Sou eu, Rô! É urgente. Me ouve?

– Rá! Te peguei! Aqui é o Lula e essa é uma gravação. No momento não posso atender. Deixe seu recado depois da campainha.

[Bip]

– Lu, muda essa mensagem ridícula, que saco! Viu, tenho que falar com você. Estão armando contra mim. Coisa da Gleisi, aquela Judas! Me liga.

GRAMPO #1003

[Bip]

– Lu, por favor!!! Já liguei mil vezes!!! Me dá um retorno!!! O pessoal da sindicância já confiscou até o autógrafo do Bruno & Marrone que tinha guardado para você. A Casa Civil segue no meu pé. E sabe o que a Dilma fez? Mandou tocar o barco, acredita? Quando foi com a Erenice limparam a barra, né? Agora que é comigo... Sempre te falei que elas não iam com a minha cara. Me liga, PRE-CI-SO falar com você.

GRAMPO #1066

[Bip]

– Lu, me liga!!! Estou desesperada!!! Depois que vazaram aquela merda toda me ferraram geral. Olha, mas não vai feder só para mim, não... Vou colocar o Beto, a Erenice e até seu amigão, o Gilberto, na jogada. Os três como testemunha. Quero só ver quando a notícia bater na porta da Dilma.

GRAMPO #1078

– Alô?

– Oi, Zé, é a Rose.

– Sabia que em alguma hora você ia me ligar. Te ferraram bonito, né?

– Pois é, sacanagem das grandes. Preciso muito da tua ajuda. Uma força pelos velhos tempos, vai.

– Eu sei, querida, mas já estou com a corda no pescoço. O julgamento do mensalão está rolando e dessa vez não me safo.

– A gente dá o sangue pelo partido e é esse o agradecimento que ganhamos... Estou passada.

– Olha, realmente não tenho como te ajudar. Agora é cada um por si. Já tentou falar com Deus?

– Um milhão de vezes!!! Mas só cai naquela mensagem eletrônica idiota.

– Bem-vinda ao clube.

Rose, Rose... Minha Ana Bolena dos trópicos. Quantas vezes me contive para não pegar o telefone e te contar tudo o que estava acontecendo pelas tuas costas. Primeiro não dei muita bola. Quando relacionavam Porto Seguro a você, achava que era somente mais uma de suas viagens. Uns dias de folga na Bahia ao som de axé, que você tanto gosta. Depois me dei conta que era uma operação da Polícia Federal. Passei a acompanhar com atenção especial o desenrolar dos fatos: a sindicância dura coordenada pela Casa Civil; as tentativas dentro do próprio governo para tentar salvar a tua pele; e a denúncia do Ministério Público – formação de quadrilha e troca de favores ilícitos, se não me engano (fiquei tão atordoado que não consegui me concentrar nessa escuta).

Cada vez que pensava em quebrar vários códigos do *Manual do Espião* e fazer contato contigo, um sentimento maior me segurava: o ciúme. Sim, *my darling*, me corroía cada vez que o tal de Paulo Vieira te enchia de presentes luxuosos. Golpeava a mesa de raiva quando o irmão dele te ligava para horas de bajulação. Cheguei a estilhaçar o porta-retratos com a foto do Obama durante os inúmeros telefonemas agendando encontros com os mandachuvas do Banco do Brasil. Mas queria mesmo é quebrar o aparelho de escuta nas vezes em que você se anunciava ao telefone como "namorada do presidente". Aí era a morte para mim.

Com o tempo, percebi que era apenas sua maneira de fazer negócios e acalmei o *green-eyed monster* que havia se apoderado de mim. Estava prestes a romper meu disfarce e abrir o jogo quando a situação começou a mudar. Mal consegui acompanhar as conversas ensandecidas das dezenas de advogados que abraçaram sua causa. *Thanks God*, suas contas pessoais, tão depauperadas depois da demissão, também deixaram de ser um problema. Senti você mais confiante, com o tom poderoso voltando à voz. Fiquei mais tranquilo.

Vou seguir acompanhando o caso com carinho. Porém, tenho que confessar, só em memória ao velhos tempos. Não farei mais com aquela paixão arrebatadora que me acompanhou por tantos anos. Quando tudo estourou na imprensa, pude, enfim, conhecer teu rosto. Não me entenda mal, Rose, você é, sim, uma mulher interessante. Porém, prefiro a Luíza Brunet original.

RELATÓRIO/GRAMPO #1078

As escutas no escritório da Presidência da República em São Paulo não têm mais utilidade para a operação. Solicito a retirada da aparelhagem neste endereço e sua transferência para o Instituto Lula a fim de dar prosseguimento às investigações relacionadas a Willie Wonka.

PASTA
UP! NAS ALTURAS

GRAMPO #1094

– Sabe a viagem para o enterro do Mandela?

– Já disse que não vou levar a Rose dessa vez, Dilma, não se preocupe.

– Não é isso, Lula, relaxa. Mas o Collor me ligou. Pediu carona.

– Saco! O que você fez?

– Fiz uns barulhos e fingi que caiu a linha...

– Do gabinete?

– Pois é...

– E aí?

– Agora toca a cada cinco minutos. Deixei na secretária e desliguei o celular.

– Quer saber? Leva.

– Ai, o povo fala. Queima ainda mais o filme e bate aquele constrangimento, sabe?

– Minha querida, vergonha mesmo é ir na casa do Maluf, apertar a mão, dar tapinha nas costas e sorrir para a câmera. Já te disse: sai na urina, Dilma, sai na urina.

– Ok.

GRAMPO #1095

– Oi, eu de novo.

– E aí, resolveu?

– Tudo certo. Mas fiz prometer não postar selfie nenhuma no avião. Fui dura.

– Selfie?

– Foto. Ele adora.

– Boa.

– Tem outro problema: o Sarney também quer carona.

– E o que você disse?

– Que ia checar se tinha lugar...

– Quer saber? Leva.

– Jura?

– Vaso ruim não quebra. Considere um seguro contra acidente.

– Ok.

GRAMPO #1096

– Oi...

– Ah, chega! Me liga depois do jogo.

– Mas...

– Depois do jogo!

GRAMPO #1097

– Oi. Mais um para o avião do Mandela.

– Quem?

– FHC. Tentei desconversar, mas ele já sabia do Collor e do Sarney.

– Putz... E aí?

– Não teve jeito.

– Paciência. Mas joga lá no fundão, ok?

"Sai na urina". Nas primeiras vezes que ouvi a expressão, tive que recorrer à Solange. Sol é minha empregada doméstica e, digamos, consultora informal para linguajar popular. Ela é meu Dr. Watson, mesmo sem ter a mínima noção disso. Foi com sua ajuda que entendi que "companheiro" não é exatamente a mera tradução de *buddy*. Ou ainda: que "nunca antes na história desse país" pode ser usado em qualquer discurso, mesmo para eventos não inéditos – algo que passei a qualificar como *ego-tripping-speech*.

De tantas vezes que Lula repetia a frase ao telefone, imaginei que fosse algum desses bordões de uso diário aqui nas escutas, tipo o "quanto levo nessa?". Mas esse caso era mais complicado. Eu não conseguia compreender porque uma notícia grave, dessas que derrubariam governos, tinha como resposta padrão apenas um "sai na urina", em tom quase jocoso.

Para não levantar suspeitas, tenho que perguntar indiretamente as coisas para a Solange. Ir pelas beiradas, como se diz aqui, até entender o real significado de palavras e expressões. Nesse caso, por exemplo, começamos falando de xixi, enveredamos para um papo sobre pedra nos rins e, no fim, ela já estava quase ligando para o primo me levar no pronto-socorro. Resolvi arriscar a abordagem direta:

– Sol, suponha que o melhor amigo do seu marido na borracharia está sendo acusado de cobrar por fora alguns serviços. Dizem que pega o dinheiro e põe numa caixa para pagar a conta do churrasco no fim de ano. Quando o funcionário vai contar para o seu marido que está preocupado porque vão denunciá-lo, seu marido só responde: "Não se aperreie, amigo, sai na urina". O que significa esse "sai na urina"?

– Que conversa doida, senhor! O Tião nunca ia fazer isso!

– Apenas imaginando, Sol.

– Bom, significa que meu marido sabe que é só intriga daquele povo fofoqueiro da borracharia. Que o Tião não precisa ficar com gastura, porque toda essa mentirada vai passar, que tudo de ruim passa, sai no xixi, sabe?

– *Okay*... Mas se, assim por acaso, o Tião estivesse mesmo cobrando por fora e seu marido soubesse?

– Hum, daí complica. Pode significar muita coisa. Que meu marido vai dar um jeito dessa história morrer por ali; que muita gente na borracharia faz a mesma coisa, então vão proteger o Tião; ou que nunca ninguém foi demitido por causa da caixinha do churrasco e não seria agora, né? Enfim, que meu marido sabe que os intriguentos não vão conseguir tirar o Tião do emprego por causa disso e que o Tião não precisa dar tanta importância. Toda essa história vai passar e tudo bem. Entendeu?

–*All right*.

– Hein?

– Compreendi, Sol, obrigado.

Na verdade, não tinha captado exatamente. Mas com o tempo fui pegando o jeito. Cheguei a criar um jogo para romper o tédio das horas de escuta. Funcionava assim: cada vez que eu antecipasse essa frase do Lula durante um telefonema, ponto para mim. Caso contrário, ele marcava. Fiquei craque. Palocci é acusado de ordenar a quebra de sigilo bancário de uma testemunha? "Sai na urina", completei mentalmente antes do Lula dizer. Bingo! Ponto para mim. Zé Dirceu foi pego no mensalão? "Sai na urina". Bingo! Genoino também? "Sai na urina". Bingo! Vão anunciar que Lula sabe de tudo? "Sai na urina!", disparei na hora. Bom, nesse caso perdi a disputa. O resto da conversa foi bem diferente.

RELATÓRIO/GRAMPOS #1094/#1097

Comitiva brasileira para o funeral de Mr. Nelson Mandela chegará no mesmo avião presidencial.

Fazem parte dela a presidente Dilma Rousseff e os ex-presidentes Luís Inácio Lula da Silva, Fernando Henrique Cardoso, Fernando Collor de Mello e José Sarney.

Atenção:

– Mr. Collor e Mr. Sarney são aliados do atual governo, mas não amigos. Evitar convites em conjunto para eventos com a presença deles e de Ms. Rousseff e Mr. da Silva.

– Em hipótese alguma fazer convites conjuntos incluindo Fernando Henrique Cardoso.

– Não se deixar fotografar com Mr. Collor.

– Considerar Ms. Rousseff e Mr. da Silva com igual importância como chefes de Estado.

GRAMPO #1071

– Fernandinho, faz o favor de me contar o que está acontecendo em São Paulo.

– Nada, não, Dilma. Só uns moleques que não curtiram o aumento do busão.

– Vinte centavos... Não dá nem para dois Bubbaloo banana.

– Um.

– Hein?

– UM Bubbaloo banana. Sabe como é, o aumento de preços...

– Tá, tá, tá... Mas me fala a verdade, Haddad. Aqui na Globo está mostrando outra coisa.

– Não é nada sério, juro. Essa turma meio intelectual meio de esquerda adora dar uma de povão de vez em quando, né? Deixa a barba crescer, veste sandálias com jeans e já quer extravasar seu Marx interior. Precisam de muita reunião de sindicato ainda para aprender.

– Olha...

– Eles são firmeza. No tempo do Kassab a gente fazia a preza com eles.

– Mas o Globocop está mostrando...

– Não se preocupe. Confie em mim, dou conta.

GRAMPO #1072

– Fernandinho! Ontem você me disse que não era nada. Hoje já tem esse tanto de gente na rua.

– Ô, Dilma, eles veem o povo na praça lá na Turquia, acampado em Wall Street e se empolgam, querem imitar. Começam a tacar fogo, quebrar umas coisas, colocar flor em cano da espingarda de policial... Rende foto, sabe?

– Mas, rapaz, a coisa está ficando feia, não?

– Nada! Imagina! Juntou só uns mil e poucos gatos pingados. A Fefeleche lá da USP nem decretou ponto facultativo ainda. Está controlado, prometo.

GRAMPO #1073

– Fernandinho!!! Que baderna é essa!?

– Tudo culpa do Alckmin, juro! Mandou descer o cacete no pessoal.

– Você não tem noção? Quando é pobre e preto apanhando a galera nem dá bola. Mas coloca uma bonitinha levando bordoada para ver o que acontece. Rola aquela empatia na galera do sofá. Pior, tem jornalista com o olho feito almôndega à bolonhesa em foto, vídeo e o escambau! E você sabe como essa raça é: adora dar uma de Gonzo.

– Gonzo?

– Sim, fazer parte da história. A diferença é que aqui não estão provando gafanhoto na China e fazendo joinha para a câmera, mas spray de pimenta.

– Entendi...

– Levou spray na cara, corre para postar no Face e Twitter "a verdade dos fatos". Não duvido que alguns façam o Taffarel na frente das balas de borracha só para ganhar uns roxos e jogar no Insta. Você tem noção disso? Olha o resultado: ontem chamavam todos de baderneiros, hoje o Bonner já falou quarenta e duas vezes "manifestações pacíficas" no Jornal Nacional.

– Mas, Dilma, o Alckmin que ferrou com tudo. Ele mandou descer o sarrafo na moçada. Eu chamei a galera para bater um papo, interagir. Até mandei preparar café com broa para eles.

– Ai, Fernandinho, você confunde tudo! Coffee break *é quando tem reunião com a IMPRENSA! Eles que se atracam em qualquer boca livre. Pega o xerox que te passamos. Jornalistas: priorizar grande variedade de quitutes e café à vontade. Manifestantes: 50 reais, condução até o local da passeata e lanche. É tão difícil entender?*

– Desculpe... Estou pegando o jeito. Chamei para conversar porque em um processo democrático...

– Tá, tá, tá. Ei, já te ligo. O Lula está na outra linha.

GRAMPO #1074

– Haddad, presta atenção. Falei com a Dilma agora. Ela está puta e disse que esse poste sou eu quem deve carregar. Então vamos lá.

– Ok, che-che-fe

– Não gagueja, rapaz, fica tranquilo. Levamos cartão amarelo, mas ainda dá para reverter o jogo.

– Mas como, Lula? O reajuste das tarifas é da prefei...

– Escuta, rapaz! Que coisa! Você ainda não tem experiência tática.

– Está ce-cer-to...

– É o seguinte: coloca o Alckmin na barreira para levar as boladas. Vai tudo na cara dele, ok? A imprensa mudou de time e a burguesada está chocada com a PM fazendo falta grave nos meninos. Vá para a imprensa e dê um chapéu nessa história: foco na repressão policial. Os 20 centavos são troco perto desse apelo. O picolé de chuchu levantou a bola, agora é só chutar e correr para o abraço com a galera. Entendeu?

– Mais ou menos...

– Anota aí: "não ficou bem para a polícia"; "conduta excessiva da PM"; "cenas lamentáveis". Joga isso num discurso bacana. E vê se não gagueja! Quero te ver tipo o Felipão em coletiva: meio sério, meio grosso, meio indignado. Se conseguir copiar a bufada que ele dá, melhor ainda. Fala e volta para a defesa. Qualquer contra-ataque, é só isolar lá para o lado do Alckmin.

– Beleza, vou fazer uma colinha aqui. Vamos marcar esse gol, professor.

Não foi nada fácil aprender o jargão futebolístico, essencial para acompanhar as escutas da classe política brasileira, especialmente as ligações do Lula. Tentei aprender por conta própria assistindo a partidas na televisão. Não deu certo. Depois de meia hora sem absolutamente nada acontecer em campo, adormecia no sofá. Acordava com um "Haja coração!" de um locutor histriônico. Ufa! Finalmente emoção! Que nada. No placar: zero a zero. Perto do futebol, curling é quase um esporte radical.

Parti para uma nova tática. Mandei a Célula São Paulo instalar escutas na torcida organizada do Corinthians, time do então presidente. Quem sabe assim conseguiria aprender alguns códigos direto na fonte. Desisti na primeira hora. "Mano, se pá um di menor diz que estourô a bagaça nas fuça do índio e tiramo os parça da cana". "Dialeto incompreensível", escrevi no relatório solicitando abortar a operação.

Procurei um especialista em futebol: Jane, minha sobrinha de 12 anos, atacante do *Warrior Princesses*, no Texas. Ela achou estranho meu interesse por um esporte essencialmente feminino. "Nos EUA é assim, *honey*, mas no resto do mundo é um jogo de rapazes". Jane não quis prolongar essa discussão. Seguiu direto para as explicações do que acontece nos 90 minutos. Escanteio, impedimento, falta, pênalti, lateral... Tudo anotado, estava pronto para decodificar os termos. "Quer que eu te mande um pôster do David Beckham, tio?", ela disse no final. *"No, honey, thanks"*. Acho que a menina estava testando minha masculinidade.

Mesmo com essa base teórica, demorei em conseguir transpô-la para a semântica. Quando um deputado mencionava a um colega que iria ganhar uma bolada pela aprovação da emenda, por exemplo, a princípio eu relacionava com futebol e achava que era uma situação negativa. A relação era: uma bolada é uma ação inesperada, causa dor, logo, trata-se de uma punição ou algo dessa espécie. Mas os urros de felicidade (quase gritos de gol) e a quantidade de honoráveis querendo receber a tal bolada indicavam ser uma transação desejada, corriqueira e positiva para eles – ou fazem parte de um clã de masoquistas e eu estou completamente enganado na interpretação.

Com deduções como essa, fiquei craque no futebolês oficial. Passei a entender os meandros dos discursos e conversas do Lula. Em três toques compreendi as orientações para o Fernando Haddad durante o início das manifestações e a intenção de desviar todos os holofotes críticos para o governador de São Paulo. Usando um termo próprio do jargão: bela jogada – ainda que duvidem da capacidade do prefeito como artilheiro.

Porém, aprendi também que o futebolês é uma língua viva. Sempre surgem novas expressões que se transformam em incógnita para mim. Ultimamente tenho ouvido em diversas escutas que é necessário colocar o Zé Dirceu e o Genoino "para escanteio". Analisando futebolisticamente, indica que querem proteger-se de um gol iminente. Desejam a todo custo bloquear o ataque, nem que para isso seja preciso ceder um lance perigoso ao time adversário. No entanto, na política quer dizer o quê? Não consegui identificar. Fico ainda mais confuso nesse caso pois, não raro, recomenda-se que os dois "tirem o time de campo" por um tempo. Como assim? Eles não eram as estrelas da equipe? Receberam um cartão vermelho? Saem apenas para apaziguar a ira da torcida? Podem voltar no segundo tempo? Penduraram as chuteiras? Tenho que pedir à Jane um módulo mais avançado sobre futebol.

RELATÓRIO/GRAMPO #1071/#1074

Série de manifestações populares acontece em diversas cidades brasileiras, com forte tendência para cooptação das massas. Ativar todas as Células locais e manter estado de alerta nível *Suricate Standard.*

Líderes iniciais identificados como Movimento Passe Livre (MPL).

Classificação no *Bin Laden Index*: *Big Yellow*.
Subdivisão: *Teenager Che 1*.

*Ps.: Não é necessário acompanhamento: autorretirada do grupo estimada entre duas a três semanas.

Forte ascensão do Movimento Black Bloc.
Classificação no *Bin Laden Index*: *Black Vinegar*.
Subdivisão: *Jiraiya 3*.

GRAMPO #1088

– *Já estão todos na linha para a* conference call*?*

– *Hein?*

– *Reunião por telefone, Lula.*

– *Ah, ok. Estou aqui.*

– *Percebi. E os outros? Quando eu falar o nome, diz presente e a função, para deixarmos registrado em ata.*

– *José Elito.*

– *Presente. Chefe do Gabinete de Segurança Nacional.*

– *João Santana.*

– *Presente. Marqueteiro.*

– *Por favor, anotar em ata "publicitário". É visto com menos desconfiança. Próximo: Gleisi Hoffmann.*

– *Presente. Ministra-chefe da Casa Civil.*

– *Aloizio Mercadante.*

– *Ministro da Educação.*

– *Você esqueceu de dizer presente.*

– Presente.

– Agora tudo junto, direitinho. Repito: Aloizio Mercadante.

– Presente. Ministro da Educação.

– Helena Chagas.

– Presente. Ministra da Comunicação Social.

– Luis Inácio Lula da Silva.

– Presente. Presiden... Ex-presidente.

– Ok, chega. Esses que importam. Os demais se mantenham de boca fechada. Principalmente você, Mantega.

– Presente.

– Ai...

[...]

– Chamei os excelentíssimos para esta conversa porque preciso saber: QUE MERDA É ESSA?! Não estou entendendo PORRA NENHUMA! O que está acontecendo nesse Brasil? Lá fora a Esplanada parece uma mistura de Diretas Já, Woodstock e Festa do Peão. No resto do país a mesma coisa. A Globo já cancelou a novela das seis e a das sete. Se não passar a das oito e tirar o Félix do ar vai ter golpe de Estado. Escutem o que estou dizendo!

[...]

Vamos, pessoal, me expliquem como deixamos chegar a isso. Manifestação sem a gente no comando, onde já se viu? Quem eles pensam que são para tomarem as NOSSAS ruas? Cadê bandeiras, ideologia, cartilha, sindicato, comitê, reunião, plenária, treinamento em Cuba? Não estou acreditando. Me digam: quem está pagando essa gente?

– Acho que ninguém, Dilma. Estão indo por conta própria mesmo.

– Ah, vá! Nem o sanduíche de mortadela e o Kisuco de sempre? Duvido.

– É sério...

– Mas que partidos? Quero siglas, SIGLAS!

– Parece que começou com o PSTU, PCdoB e companhia, mas agora virou um confusão geral. Olha, estamos achando que o PSDB está por trás junto.

– Ahã, senta lá, Cláudia. Não precisa ser gênio para ver que a análise é furada, meu caro. Primeiro porque essa mistura não combina. Segundo porque a extrema esquerda não consegue reunir gente nem para encher quermesse de bairro. E desde quando o PSDB faz oposição de verdade? Um bando de bunda mole que se pela de medo de dizer as coisas na cara, de chamar na chincha. Vocês REALMENTE acham que eles iam conseguir em uma semana fazer brotar manifestantes feito Gremlins por todo o país?

– Bom... A Veja disse que muitos são apartidários.

– Quem falou isso?

[...]

– Eu perguntei QUEM FALOU ISSO! Ou se entrega ou estão todos fora.

– Eu... Mantega.

– Saia JÁ. Pela porta da frente. Caminhando. Sem segurança.

– Mas, Dilma, a Esplanada está tomada. Todos enlouquecidos. É capaz de me lincharem.

– SAIA JÁ! E quem mencionar aquela revista-que-não-falamos-o-nome de novo pega o mesmo caminho.

[...]

– Não me venham com essa de apartidários, libertários independentes! Já viu apartidário sair para o vuco-vuco das ruas? Essa turma é alienada, pessoal, só sabe falar grosso no Face e compartilhar memes. Mas na hora de sair e sujar os sapatênis eles arregam. "Minha resposta eu dou nas urnas". Escrevem isso no status

quando não têm mais como argumentar. Ahã, votando no Serra. [Risos] *Então quem é essa gente que está aí, Santo Deus?*

[...]

– Agora todo mundo fica quieto, né? Desembuchem! Pelo menos me digam o que já fizemos para reverter essa história.

– Convocamos a militância para se infiltrar nas manifestações e defender o partido e o governo, mas não deu certo. Expulsaram os companheiros, queimaram bandeiras, chamaram de oportunistas... O horror, o horror.

– Mas, também, que grandíssima ideia de jerico! É como mandar a tucanada falar bem do Aécio na reunião de condomínio do Minha Casa Minha Vida. Vai dar certo? Pergunto: VAI DAR CERTO? Todos juntos, vamos lá, quero ouvir.

– Nããão, Dilma.

[...]

– Elito, que diabos a Abin estava fazendo que não identificou a lambança?

– Ah, Dilma, sabe como é... MPL, KLB, MMA, NXZero, UFC... É tanta sigla nessa juventude de hoje que a gente se confunde. Entende?

– Não entendi porra nenhuma.

– Mas presidente...

– O quê? É presidenTA! JÁ PARA FORA! Pela porta da frente. Caminhando. Sem segurança.

[...]

– E esse tanto de reivindicações, pessoal? Corrupção, PEC 37, hospitais, escolas, reforma política... Não sei mais o que esse povo deseja, sabe? Queriam casa, a gente deu casa. Queriam crediário nas Casas Bahia, a gente deu crediário nas Casas Bahia. Queriam pão, a gente deu pão. Queriam diversão, a gente conseguiu

trazer o maior circo de todos para cá. E agora até contra a Copa eles são! João, suas pesquisas não viram nadinha, nadinha disso?

– Bem... Identificamos alguns descontentamentos...

– Ah, tá. E agora é que você me diz! Gleisi, Mercadante, vocês sabiam disso?

– Vimos certos movimentos, mas a gente não queria te deixar nervosa...

– Os três. JÁ! Pela porta da frente. Caminhando. Sem segurança.

[...]

– Helena, só restou você...

– E eu! Também estou aqui.

– Ah, é. E o Lula. Nessas horas você sempre desaparece, então me esqueci.

– Helena, você que é da comunicação, me diga: o que fazemos?

– Não se intimide, Dilma. Vá para a TV e mostre para eles que segue poderosa, absoluta.

– Ahã... E falar o quê? "Brasileiros e brasileiras. Estou puta com vocês seus ingratos filhos da mãe". E encerra a cadeia nacional de rádio e televisão. Pronto.

– Mas...

– Pode ser também: "Brasileiros e brasileiras. Trouxemos a Copa para o país. Os senhores poderão ver de perto nas novíssimas arenas Messi e Neymar com seus dribles fantásticos. Já as senhoras terão Cristiano Ronaldo quase esfregando aquelas pernocas nas suas caras. Fizemos tudo isso por vocês, meus caros brasileiros". Daí faço uma pausa dramática e completo: "O que ganho em troca? Uma bolada nas costas seus mal agradecidos de uma figa. Vão para a puta que os pariu". E fecha lindo com o brasão na tela. O que acha?

– Bem...

– Ah! Também podemos inovar, veja só! A maioria que está na rua não é dos tais conectados? Não marcaram tudo pelos eventos do Face? Então para eles podemos fazer diferente, claro! Você tasca um filtro Nashville do Instagram na minha imagem, dá aquela desfocada básica nas laterais para ficar mais hipster, *daí a gente faz a comunicação só por* hashtags *e* emoticons. *Primeira tela: #dilma #chateada. Segunda tela: #SQN #brinks. E finaliza com coraçõezinhos,* high fives *e bandeirinhas do Brasil. Não seria ótimo?* Hashtag *ironia, se você não percebeu. Quer saber, Helena...*

– Ok, já sei. Pela porta da frente. Caminhando. Sem segurança.

[...]

– Lula, sobramos nós. Alertei você tanto sobre o Haddad. Se ele tivesse dado um jeito em São Paulo lá no início, não ia se espalhar dessa forma. São os 20 centavos mais caros da história.

– Pois é, Dilma, temos que dar tempo ao menino...

– Se a Erundina estivesse ao lado dele por lá... Mas, não, vocês preferiram abraçar o Maluf. Quando se vende a alma, um dia o diabo volta para cobrar, sempre te falei.

– Dilma, sai na urina...

– Ai, que saco! Para com esse papo, já encheu! Se continuar assim vamos ser o governo da incontinência urinária. Só não te mando também sair pela porta da frente porque periga você vir mesmo até aqui no Palácio do Planalto e decidir ficar.

"Sabe de nada, inocente." Confesso que sempre quis usar essa expressão que a Solange, minha empregada, repete a toda hora. Não sei exatamente se é de um grande pensador brasileiro ou, segundo ela se esforça para me explicar, foi cunhada em Washington. Enfim, veio a oportunidade e, pelo contexto, creio que se enquadra. Enquanto eles nem desconfiavam as proporções que o movimento iria tomar, nossas Células espalhadas por todo o Brasil (menos Acre, cuja existência ainda não foi oficialmente reconhecida pelos Estados Unidos) já mandavam relatórios em tempo real para mim. Começamos a monitorar com maior atenção quando o Zuckerberg enviou para nosso grupo Espiões no Samba, do WhatsApp, a mensagem:

"Movimentação atípica no Facebook Brasil. Mudança brusca de atuação dos usuários. Queda vertiginosa nos pedidos para o *Candy Crush* e nos *likes* de páginas de humor, look do dia, viagem, compras, indústria automotiva e do Setor Miscellanea (consultar subdivisão no guia *Facebook for NSA*). Aumento exponencial de criação de eventos e *fanpages* aparentemente de caráter político-subversivo. Fiquem atentos às seguintes expressões e palavras: 'o gigante acordou'; 'vem pra rua'; 'padrão FIFA' (em diversas variações, associadas principalmente aos temas saúde e educação); 'não é só por R$ 0,20'; 'corruPTos'; 'Petralhas'; 'DiLLma'; 'Mídia Ninja'. Favor copiar os relatórios enviados à NSA para o e-mail billgatessucks@facebook.com. Que a força esteja com vocês."

O *start* estava dado. Desde então, os *Millennial Spies* monitoram as redes sociais e me transmitem relatórios. Eu os agrupo com as informações coletadas nas escutas, condenso e envio para a Base USA. Porém, as análises são conflitantes e as interpretações feitas por Dilma e sua equipe ao telefone mudam a todo momento. Estão feito cigarro em boca de bêbado, como diz a Solange. Tentam identificar o núcleo central das manifestações, mas nós já sabemos que está pulverizado. No tempo que criam estratégias para conter o avanço dos protestos, nossos relatórios mostram que outros 50 são marcados. Bolam técnicas de contra-ataque virtual que antecipamos serem infrutíferas – mesmo com a força-tarefa completa dos comentaristas profissionais (os *Angry Beards*, no nosso jargão interno) e os especialistas em memes que eles colocaram em campo. Não sabem nada, inocentes. Ou sabem?

RELATÓRIO/GRAMPO #1088

Manifestações populares se intensificam no Brasil com a participação de milhões de pessoas, fortalecimento do grupo Black Bloc e dos denominados Arruaceiros. Enviar relatórios consolidados de *Ocuppy Wall Street* e *Taksim Square Protest* para estudo de caso.

Reforçar atuação de todas as Células locais e elevar o estado de alerta para *Falcon Plus.*

Em investigação: novo grupo inicialmente denominado Coxinha. Movimento opositor ao grupo Petralhas, já identificado em ações anteriores e em fase final de pesquisas para a classificação no *Bin Laden Index.*

GRAMPO #1090

– Oi, amiga, estava preocupada. Te liguei mil vezes e nada! Que loucura hoje, não?

– Ah, Erenice, deixei o celu no Palácio. Estava lá há horas esperando decidirem como eu iria sair e passar pela multidão. Da janela, observava o cordão de militares circulando o prédio, aquela moçada cantando, as faixas, os cartazes, as fogueiras, as caras

pintadas... Bateu uma saudade... Dos tempos que era a gente ali protestando contra medidas ditatoriais, governos corruptos e autoritários, regalias dos poderosos. Lutando a favor da liberdade de imprensa, pela prisão de políticos, o fim das mamatas...

– Ui, até me arrepiei aqui.

– Daí pensei: "Quer saber Dilma, se joga". Mandei todo mundo sair, vesti a roupa que uso para fazer rashta yoga no escritório, enrolei na cabeça a canga que ganhei do Romero Britto e pintei a cara com a guache que tinha comprado para o Gabrielzinho.

– Você não...

– Sim, fugi. Usei a passagem secreta que sai lá perto do Itamaraty.

– Ai, sua doida!

– No início fiquei nervosa. Medo que me reconhecessem, sabe? Rolou um desespero e tentei entrar no Itamaraty. Não consegui chegar na porta, só em um janelão lateral. Fiquei ali batendo no vidro para chamar a atenção do guarda, mas ele não me reconheceu. Pior que uma turma me viu e veio atrás gritando "Quebra! Quebra!", e estilhaçamos os vidros.

– Nossa! Eu vi no Jornal Nacional!

– Ah, é? Vou buscar no YouTube depois.

– Mas e aí?

– Como nem o guarda me reconheceu, relaxei. Circulei por toda a Esplanada, ajudei a pintar faixas, gritei "vem pra rua, vem pro movimento", acendi uma fogueira, fiz abraço coletivo, puxei unzinho com um rasta gente boa e fiquei até rouca de cantar o hino nacional. E já que estava no embalo, xinguei o Mantega – o que até deu pouquinho de prazer – e malhei a Copa que o Lula inventou de trazer para cá. Só quando fala-

vam "Dilma, Dilma, vai tomar no cu", eu me afastava. Ninguém merece, né?

– Ai, judiação. Mas como você voltou de lá?

– Descobri que uma turma ia fazer passeata até o Palácio da Alvorada e me juntei a eles. Mais seguro vir em grupo. No meio, puxei um "caminhando e cantando e seguindo a canção..." Acredita que ninguém conhecia a letra? Uma pena. Então voltamos para o hino. Quando estávamos quase chegando aqui em casa, dei um jeito de despistar e entrei por aquele carreiro dos fundos. Estou o pó, com os joanetes latejando e guache até no cabelo, mas, olha, há anos não me sentia tão jovem, tão livre!

– Que bom, amiga. Agora descansa que amanhã vai ser um dia cheio.

– Nem me fale. Vou ligar cedinho para o João Santana pedindo desculpas por ter sido tão dura com ele hoje e mandar escrever um pronunciamento bacanudo. Andei pensando, sei lá, em plebiscito, participação popular, sociedade civil... Algo nessa linha.

– Liga para o Evo ou o Maduro para pedir uns conselhos. Eles são ó-ti-mos nisso.

– Boa! Ei, Erenice, antes de desligar, posso te pedir um favor?

– Claro!

– Canta junto comigo: "Caminhando e cantando e seguindo a canção. Somos todos iguais braços dados ou não..."

Dormi sobre o aparelho de escuta embalado pelo cântico. Fui despertado antes do amanhecer com um torpedo de um dos *Millennial Spies*. A notícia me surpreendeu. De acordo com nossas investigações nas mídias sociais, os governistas e aliados haviam, enfim, encontrado seu inimigo comum: o movimento Coxinha. Imediatamente mandei um alerta para os Espiões no Samba: "Subestimamos o grupo responsável por parar o país. De acordo com a espionagem virtual, trata-se dos Coxinha. Sua abrangência é maior do que estimamos nas investigações. Ele inclui membros de todas as faixas etárias, níveis de formação, classes sociais e deve estar secretamente bem organizado e ramificado. Caso seja comprovada essa informação, arrisco dizer, *my friends*, que o Brasil é Coxinha".

Me senti de certa forma decepcionado por não ter previsto esse poderio. As descrições que coletamos sobre o grupo durante os monitoramentos virtuais e telefônicos dos governistas e suas organizações financiadas, como a atuante Esquerda Caviar, pareciam ser mais restritas à chamada Elite – com suas variantes de gênero: Mauricinho e Patricinha. Porém, as características observadas em uma grande parcela dos participantes das manifestações não se enquadravam no perfil que havíamos levantado. Talvez eu estivesse mesmo equivocado, algo imperdoável para um espião *Silver Eagle Supreme*.

O que me leva a crer nessa grave falha é a rápida desestabilização do grupo que os governistas e simpatizantes estão conseguindo. Após determinarem que o foco de ataque seria o movimento Coxinha, os *Angry Beards* partiram para a ofensiva virtual e direta e, pelas primeiras horas de análise, estão tendo sucesso. Acompanhá-los secretamente nos ajuda a também aprender a identificar melhor os Coxinha. A tarefa não chega a ser complicada: qualquer pessoa que manifeste alguma ideia contrária à verdade absoluta pregada pelos *Angry Beards* é considerada um. Talvez os governistas estejam atuando no modo crise, pois, tal como nas guerras, eliminam critérios mais específicos e não abrem espaço para ponderações. É uma estratégia dura, com possível margem de erro nos julgamentos, porém, reconheço, necessária em períodos conturbados nos quais é preciso agir rápido para impedir o avanço do inimigo.

Certamente a atuação dos *Angry Beards* contra os Coxinha neste episódio das manifestações rende um importante *case* para passarmos como suporte para o Obama. Em pouco tempo eles conseguiram não apenas desestruturar seu *target* como cooptar vários membros do grupo opositor a mudar de lado. Identificamos esse movimento analisando as redes sociais. Coxinhas que há poucos dias estavam ativos nas manifestações passaram a questionar o movimento e, inclusive, esforçavam-se em apagar vestígios de sua participação no levante, como criações de eventos, comentários favoráveis ao "vem pra rua" ou mesmo fotografias que denunciassem sua presença nas passeatas.

Holy crap! Agora me toquei de algo importante. Solange pediu dispensa ontem para ir à manifestação. *My God*! Será que tenho uma informante Coxinha dentro da minha própria casa? Terá ela descoberto que eu não sou um professor do Fisk, mas um espião a serviço dos Estados Unidos? Preciso averiguar.

– Oi, Sol, tudo bem por aí?

– Tudo beleza. O senhor saiu cedo hoje, hein? Quando cheguei já não estava.

– Hum... Tive umas aulas de manhã. Como foi ontem?

– Ah, o senhor precisava ver que lindeza! Aquele mundaréu de gente. Jovens, velhos, crianças... Igual lá nos tempos do Fora Collor.

– Ahã. Sol, me diz uma coisa: por que você foi na manifestação?

– Protestar, né?

– Sei. Mas sua vida não está melhor agora? Carteira assinada, o apartamento...

– Ah, mas tem muita coisa errada. Olha quanto a gente ia gastar de condução! E está cada dia pior. Queria ver esses políticos pegarem o ônibus lotado às seis da tarde.

– Você foi pelo aumento das passagens, então?

– Não foi só isso, senhor. Acho que todo mundo tinha algo assim meio engasgado, com vontade de gritar, sabe? Essa corrupção toda que a gente vê e ninguém faz nada; as escolas caindo aos pedaços; aquela fila nos hospitais tão grandes que tem que chegar de madrugada para marcar consulta; o supermercado pela hora da morte... Ah, está faltando sabão em pó, não esquece de trazer, ok?

– Ok, Sol, eu levo.

– E para que construir esses estádios todos? Hoje passei de ônibus ali na frente do Mané Garrincha. Está lindo que só, o senhor precisa ver, mas fiquei pensando quantas casas não daria para fazer com o dinheiro que foi gasto... E quando o cobrador falou o preço dos ingressos para a Copa? Quase caí de costas. Nunca que vou conseguir levar o Joãozinho em um jogo!

– Entendi. Deixa te perguntar mais uma coisa, responda se quiser, ok? Você sabe o que é um Coxinha?

– Oxê! Claro que sim.

– Sério? E pode falar assim, abertamente?

– Eita, não entendi nada agora. Mas o senhor é do estrangeiro, né? Explico melhor. Não se diz UM coxinha, é UMA coxinha. É de comer, tipo um bolinho de massa de trigo com recheio de galinha assim bem desfiadinha. Olha, não é para me amostrar, não, mas dizem que a minha é a melhor do bairro. Quer que eu deixe umas prontas para a janta?

– Não precisa, não, Sol. Obrigado.

"Atenção, Espiões no Samba. Favor desconsiderar o comunicado feito pela manhã sobre o poderio Coxinha nas manifestações. Como havíamos constatado anteriormente nas nossas investigações, os personagens do levante vão além desse grupo em particular. Convém adotarmos fontes mais confiáveis que os *Angry Beards* para futuras análises. Que a força esteja com vocês."

RELATÓRIO/GRAMPO #1090

Descoberta a existência de uma passagem secreta que leva do escritório da presidência da República Federativa do Brasil, no Palácio do Planalto, às proximidades do Palácio do Itamaraty, sede do Ministério das Relações Exteriores. Destacar uma equipe de campo para fazer o mapeamento.

Considerar nos autos os Petralhas e os *Angry Beards* como o mesmo grupo. Deste relatório em diante, adotaremos somente a segunda nomenclatura.

Classificação no *Bin Laden Index*: *Red Squid.*

Subdivisão: *Caviar 5.*

Desestabilização do movimento Coxinha.

Classificação no *Bin Laden Index*: *Blue Toucan.*

Subdivisão: *Lacoste 2.*

PASTA – TODOS OS HOMENS DO PRESIDENTE

GRAMPO #275

– Oi, Zé.

– Que voz é essa, Genoino?

– Ainda estou um pouco atordoado, Zé.

– Ah, já sei. Li na revista-que-não-falamos-o-nome a matéria.

– Pois é, descobriram minhas assinaturas nos contratos de empréstimo.

– Fica calmo, Genoino. No final não vai dar em nada.

– Não sei, não...

– Como diz o Delúbio, isso vai virar piada de salão.

– Tomara.

– Você vai ver, em alguns meses estaremos bem e eu poderei voltar a pensar em ser presidente do Brasil.

GRAMPO #470

– Oi, Zé.

– Que voz é essa, Genoino?

– Estou atordoado, Zé.

– Ah, já sei. O relatório do Ministério Público Federal.

– Pois é, pegaram pesado. Chamaram a gente de criminoso para baixo. Pior que está tudo lá documentado.

– Fica calmo, Genoino. Você acha mesmo que isso vai adiante?

– Não sei, não...

– Como diz o Delúbio, isso vai virar piada de salão.

– Tomara.

– Você vai ver, em alguns anos estaremos bem e eu serei o governador de São Paulo.

GRAMPO #1010

– Oi, Zé.

– Que voz é essa, Genoino?

– Estou totalmente atordoado, Zé.

– Ah, já sei. O julgamento está chegando.

– Pois é, nem tenho mais esperança de sair dessa. Mas morro de medo que apliquem as maiores penas.

– Fica calmo, Genoino. Estamos com os melhores advogados do Brasil, eles sabem o que fazem.

– Não sei, não...

– Como diz o Delúbio, foi só caixa 2. Não se esqueça desse mote, ok?

– Tomara que acreditem.

– Você vai ver, em cerca de uma década estaremos bem, ninguém lembrará e eu serei o governador do Distrito Federal.

GRAMPO #1165

– Oi, Zé.

– Que voz é essa, Genoino?

– De felicidade, Zé.

– Ah, sabia que você ficaria melhor com a notícia de que nos absolveram do crime de formação de quadrilha.

– Pois é, no segundo semestre já estaremos em liberdade!

– Não mandei ficar calmo? Era só a poeira baixar.

– Sim, você tinha razão.

– Até lá, como diz a Marta Suplicy, relaxa e goza.

– Tá certo.

– Você vai ver, é só ficar na moita e esperar passar a eleição para presidente. Depois podemos voltar à ativa, companheiro. Até lá eu planejo o que serei.

"Já tinha identificado as negociatas pelas escutas telefônicas da NSA e sabia que era um caso sem precedentes. Porém, nunca imaginei que viria à tona. Como tantos outros escândalos que a Base Brasil acompanha secretamente, achei que ficaria restrito aos bastidores, impune. Seria apenas mais um *case* para nossa pesquisa interna, já que não podemos divulgá-los. Porém, sinto que algo está mudando. Aos poucos as informações saíram nos meios de comunicação. Eles o chamam de 'mensalão' e estão se dando conta de que pode ser o maior escândalo de corrupção da história política do país."

O relatório foi feito pelo espião que coordenava o QG antes de mim. Está arquivado dentro da pasta que ele chamou de "Todos os Homens do Presidente", menção ao filme de 1976 estrelado por Dustin Hoffman e Robert Redford. Nossa troca de posto aconteceu quando tudo ainda estava acontecendo. Diante da gravidade das palavras do meu colega e com os grampos telefônicos relacionados ao caso mais agitado que uma feira livre, tratei de estudar o "mensalão".

Reunindo todas as fontes disponíveis, compreendi como funcionava o esquema de corrupção financiado com recursos desviados dos cofres públicos e empréstimos fraudulentos. Também era vasto o material explicando a relação com a compra de parlamentares para garantir apoio político ao Partido dos Trabalhadores. Por fim, estudei os principais personagens da "sofisticada organização criminosa", definição que encontrei em um documento do Ministério Público Federal. Há dezenas de denunciados. Entre eles, nomes ligados ao coração do poder, como o ex-ministro da Casa Civil José Dirceu, o ex-presidente do PT José Genoino e o ex-tesoureiro do partido Delúbio Soares.

Por mais que eu me aprofundasse no caso, restavam algumas dúvidas. Por conta da urgência em entender por completo o "mensalão", fiz um pedido excepcional ao QG central. Solicitei um contato com o antigo coordenador da Base Brasil. O *Manual do Espião* diz que isso não é permitido, mas consegui convencê-los da importância para as investigações. "No dia 10, às 21 horas, entre no sistema de *chat* da NSA. Ele não poderá revelar o nome, nem sua localização atual, apenas estará identificado como misterX. Vocês têm 23 minutos e 10 segundos para conversar". Tivemos o seguinte bate-papo na época:

basebrasil Olá.
misterX Sobre o mensalão, não é?
basebrasil Sim. Tenho algumas dúvidas.
misterX Vamos ver se posso ajudar.
basebrasil Serei breve. Por que eles tentam postergar ao máximo o julgamento do mensalão? Foi denunciado até uma suposta chantagem feita pelo Lula a um dos ministros.
misterX Por vários fatores, mas os principais seriam facilitar a prescrição de crimes e atrasar o julgamento até alcançar a data da aposentadoria compulsória de um ou mesmo dois ministros do Supremo Tribunal Federal que talvez se inclinem pela condenação dos réus. Ou seja, aumentam as chances de penas menores ou de absolvição.
basebrasil Mas sete dos dez ministros do STF não foram indicados por presidentes do PT?
misterX Sim. Para ver como deve estar difícil encontrar maneiras de ir contra as provas.
basebrasil Dá para confiar nesse Joaquim Barbosa, relator do processo?
misterX Ele é turrão, não cede a pressões políticas nem aceita conchavos. Pode confiar nas escutas dele.
basebrasil A defesa vai defender a tese do caixa dois para justificar o mensalão. Caixa dois não é crime?
misterX Sim, é crime. Mas pode estar prescrito com o atraso do julgamento. Mesmo se não estiver, melhor a sentença de um crime eleitoral "menor" do que daqueles pelos quais são denunciados. Além disso, é considerada uma prática, digamos, "normal" no país. O próprio Lula disse em uma entrevista que o PT não fez nada além do que é feito sistematicamente no Brasil. Ou seja, se todos cometem o crime, então ok, entende?

basebrasil Mais ou menos. Ainda estou me acostumando à lógica usada por aqui. Aliás, eles falam que estão sendo vítimas de um golpe das elites, uma tramoia da imprensa, dos ricos e até da Justiça.
misterX Blá, blá, blá. Se acostume. Você sempre vai ouvir isso para todas as situações em que estiverem acuados, sendo atacados ou forem flagrados com a boca na botija. É a principal tese de defesa utilizada, com a vantagem que serve para qualquer caso. Ah, anote aí também: PIG, o Partido da Imprensa Golpista, que reúne, segundo eles, qualquer meio de comunicação que fale mal do governo. Olha, não duvido se, em breve, você começar a ver movimentos falando em regulamentação da mídia ou algo nessa linha.
basebrasil Anotado.
misterX Mais alguma questão? Seu tempo está acabando.
basebrasil A última: foi você que deixou na minha mesa, no GQ, um bilhete lacrado com duas observações?

***** misterX saiu da conversa *****

As informações de misterX foram essenciais para eu entender melhor todos os pontos relacionados ao escândalo do mensalão. Acompanhei o julgamento e a condenação de 25 dos 38 réus, em um total de 270 anos de prisão. No dia da detenção dos principais envolvidos, eu estava em casa assistindo a cobertura pela TV. Quando Zé Dirceu e José Genoino aparecem na tela, um "Yes!" me surpreende, duplamente. Primeiro porque é a primeira vez que Solange usa uma palavra em inglês que ensinei para ela. Segundo pelo sentimento exposto na sua exclamação. "É que a gente nunca vê rico e político indo para a cadeia no Brasil. As coisas mudaram, senhor!", ela justifica. Por conta desse fato, hoje estou em um dilema. A recente composição do Supremo Tribunal Federal, com dois novos ministros, acabou de absolver do crime de formação de quadrilha os condenados mais estrelados do processo. O que faço? Conto para a Solange ou mantenho sua esperança de que algo mudou?

RELATÓRIO/GRAMPO #1165

Comunico a alteração de dados na pasta "Todos os Homens do Presidente". Retornar o índice de impunidade na justiça brasileira para *Level 5*. Desconsiderar a redução do índice comunicada em relatórios recentes anteriores.

PASTA MONTY PYTHON

GRAMPO #736

– Hola Dilma. Feliz cumpleaños!

– Hola, Mujica, gracias! Mira, podemos hablar portuñol, estoy con mi castellano enferujadito.

– Sí, por supuesto. Tengo que entrenar mi portuñol también. Recebiste mi regalito?

– Sim! Uma caixinha de música que toca tango. Mucho fuefo. Gracias por lembrar do meu níver!

– El regalito está dentro, Dilma.

– Ah! Aqui embaixo do casal bailando...

– Sí, sí.

– Nossa, Mujica! Faz mucho tiempo que eu não...

– Te enviei para celebrarmos la legalización de la marijuana no Uruguai. Estoy fumando uno acá.

– No puedo... Mi medico...

– Bien, bien...

– Hum... É da buena?

– De la mejor calidad.

– No puedo... Mujica, conta para mim, como você faz para ser tão querido pelo seu povo, hein? Estou com uns problemitas de popularidade por acá...

– Niña, hay que manter os mesmos princípios de quando luchávamos, pero adaptando aos novos tiempos. Comprendes?

– Sim...

– Lo importante é ter ao redor gente de caráter, gente confiável.

– Ai, caramba! Entonces fudió tudo...

– Hay que ser firme em seus ideais. Não deixar corromper-se.

– Pero você é amado por gente no mundo inteiro. Toda hora vejo no Facebook foto sua e coraçõezitos. "Te quiero Mujica". "Mujica es el cara". Coisas assim...

– Bueno, niña, eles gostam de algunas cosas que faço. Por ejemplo, 90% do meu salário vai para ONGs todos os meses.

– Después eles te devolvem, certo? É tipo uma encenación.

– Não, Dilma, é de verdade. O povo gosta de ver um político que vive una vida simples como a deles, comprendes? Yo ando com um coche viejo, vivo na minha casa pequeña, tengo mi perrito...

– Perrito... Perrito caliente... [Risos] *Perrito caliente é mucho engraçado dizer...* [Risos]

– Bien, bien... Me parece que la hierba fez efeito, no?

– Ô, bateu hermoso!

– Como te contava, outra coisa que chama la atención dos estrangeiros são las medidas diferentes, como la legalización da marijuana, la regulamentación do aborto, el matrimónio gay...

– Ai, os gays são tudo de bom, né, Mujica? Um povo assim colorido, animado... AMO... It's raining men, aleluia... It's raining men... Ai, caramba! Até vou tirar los sapatitos de salto.

– Bien, bien... Como te dizia, eles gostam de ver um presidente que está mais perto da população, comprendes?

– Ui, o que você estava hablando? Me distraí. Estava mirando um quadro mucho loco aqui. E era a minha foto na parede! [Risos] *Eu... Na parede... AI!!!*

– Qué pasó, Dilma? Estás bien? Ouvi um ruído.

– Calí da cadeira, a loca. [Risos] [Mais risos] [Risos incontroláveis].

– Cuidáte, niña.

– Meu bracito está querendo volar! Tenho que segurar ele para não subir, Mujica!

– Deixar volar es bueno às vezes, niña. Acalma.

– Vuela, vuela passarinho... Vai buscar o meu benzinho... Vuela, vuela... Ei, já falei que você é fofucho, né, Mujica?

– Bien, bien... Creio que estás mais relaxada agora.

– Vejo luzinhas... Luzinhas! São vagalumes! Ou é o lustre? Lustre voa? Não! São vagalumes!

– Bueno, Dilma, vejo que estás mais tranquila. Tengo que desligar ahora, ok?

– Ah, não! Fica, Mujica! Todo mundo gritando junto comigo: FICA MUJICA! FICA MUJICA! Ah, estou sozinha aqui na sala... A loca. Olha, vou hablar sério agora, ok? Tenho que perguntar uma coisa muito importante, de verdade.

– Bien, bien... Pergunte, Dilma.

– Er... Hã.. Er... Ai, me fugiu completamente! Esqueci. Estava aqui na punta da língua...

– Bueno. Ahora me voy, ok?

– Viu, Mujica, você não mandou um dulce de leche? Me deu uma vontade gigante agora de comer dulce de leche... Ou feijoada... Ou miojo cru com pozinho sabor bacon... Ou jaca. Ou

brigadeiro de colher. Hum... Brigadeiro! Com macarrão! Isso, brigadeiro com macarrão!

– Bueno, Dilma. Estou desligando. Un beso grande, niña. Cuidáte.

– Beijinho, beijinho. Tchau, tchau, tchau. Beijinho, beijinho. Tchau, tchau, tchau.

– Senhora presidenta, a chanceler Angela Merkel na linha. Também quer parabenizá-la por seu aniversário. Posso transferir?

– Manda entrar! AMO essa linda. Ah, pergunta se ela trouxe de presente salsichão, chucrute, strudel, brigadeiro com macarrão... Qualquer coisa de comer, qualquer coisa...

– Hã? Senhora presidenta, ela está ao telefone. Ligando da Alemanha.

– Manda entrar logo, menina! Ah, melhor não! Faz o seguinte: pede para esperar um minutinho e daí entrar. Vou ali me esconder atrás do sofá para dar um susto bem locão nela.

– Presidenta?

[...]

[...]

[...]

– Presidenta? Presidenta?

GRAMPO #901

– Oi, meninas, preparadas para mais uma Trívia das Poderosas? Vamos lá! Hoje é rapidinho porque o Brasil está pegando fogo com umas manifestações. Literalmente. [Risos] *Já sabem:*

quem apertar o ramal primeiro, acende a luzinha aqui e, então, responde.

– Quem é o presidente latino-americano mais gato? 1) O cafuçu Rafael Correa, do Equador. 2) O grisalho todo bom Sebastián Piñera, do Chile. 3) O Professor Girafales Nicolás Maduro, da Venezuela. Valendo!

– Você responde, Cristina Kirchner.

– Gosto dos jovencitos. Então, é o Rafael Correa.

– Gosto é gosto, né? Eu prefiro o Piñera, que pão! A próxima: qual moda está démodé para presidentas e similares? 1) Meia-calça preta. 2) Roupas que parecem de adolescentes. 3) Terninhos nude.

– Protesto! O item dois é um ataque pessoal!

– Cristina, se vestiu a carapuça... O que eu posso fazer? Mas hoje é minha semana. Você faz o jogo na próxima e se vinga, ok? Valendo!

– É com você, Hillary Clinton.

– Terninhos nude?

– Não, querida. Meia-calça preta. A moda agora é colocar as pernocas de fora.

– Ah!

– Agora, para fechar, meninas! Numa recepção de Estado, o que não pode faltar? 1) Cascata de camarão. 2) Salsicha e queijo espetados em palitos de dente. 3) Bruschetta de tomate fresco. Valendo!

– Sua luzinha acendeu aqui, Rainha Elizabeth – acho um luxo dizer rainha...

– All right, *cascata de camarão?*

– Não, querida. Essa era pegadinha. Cascata virou breguíssimo ter na festa. Meio novo rico do poder, sabe? Espetinho de

salsicha e queijo é muito anos 80. E a bruschetta não funciona em recepções. Cai tomate e suja o vestido, a casca do pão italiano prende nos dentes... Um horror. So sorry, my queen. *Bom, por hoje é só, meninas. Semana que vem tem mais! A Cristina é a* host *da próxima Trívia das Poderosas, ok?* Kisses *para todas.*

Os críticos à política externa da Dilma não conhecem os perspicazes artifícios da boa vizinhança utilizados pela presidente. Eles a acusam de fazer acordos de viés puramente ideológico que beneficiam apenas os países *hermanos*, como a Venezuela, a Bolívia e a Argentina. Criticam sua decisão de dar uma força ao pessoal do Fidel trazendo médicos cubanos para trabalhar em regime de semi escravidão controlada no Brasil. E ainda atacam Dilma por ser ineficaz em parcerias comerciais efetivamente importantes para alavancar a economia brasileira.

Eles não sabem o que acontece nos bastidores. Nas escutas, posso acompanhar os bate-papos de Dilma com outros governantes. Conversas coloquiais que acabam criando uma cumplicidade. Conheço a série de jogos criados por ela para aproximar mandatários de diferentes linhas de pensamento. Dou risada das piadas que conta para desanuviar discussões mais espinhosas com o Mahmoud Ahmadinejad e companhia.

São boas as estratégias utilizadas pela presidente. Analiso pelo exemplo aqui da NSA. Os espiões mais lembrados por todos são aqueles envolvidos em atividades lúdicas. O coordenador da Base Espanha, por exemplo, é um fanfarrão nato. É ele quem organiza a Caça ao Rato, uma disputa mundial entre espiões. Ganha quem encontrar primeiro, no prazo de 24 horas, algum dos *top* 10 na lista de procurados da Interpol. Também é ele quem passa trotes para presidentes do Terceiro Mundo utilizando o sintetizador de voz imitando Barack Obama. “Se você não renunciar em 72 horas, mandarei aviões, tanques, navios e uma tropa de 25 mil soldados para invadir o país”. No dia seguinte, acompanha pelos jornais as desculpas que o governante arranja para justificar sua saída.

No caso de Dilma, a descontração é uma arma importante para gerar empatia. Cria uma proximidade que, no futuro, pode ser útil na hora de fechar parcerias essenciais para o Brasil. Quem não prefere negociar com amigos ao invés de lidar com completos desconhecidos? É um trunfo, mas deve ser usado com parcimônia. O risco é perder o *timing* e se transformar no motivo da piada.

RELATÓRIO/GRAMPO #736 E #901

Enviar para “comunicados internos”: Caros espiões, estou com um material ótimo para a coletânea *Funniest Calls 2013*. Gostaria de lembrar a todos que o prazo para envio das suas escutas mais engraçadas é a próxima quarta-feira. Também comunico que a próxima Caça ao Rato está agendada para agosto. Fiquem a postos! Que a força esteja com vocês.

PASTA VELOZES & FURIOSOS

GRAMPO #902

– Dado, pode falar?

– É urgente?

– Ô!

– Então diz. Mas rápido. Estou no meio da minha Porsche Massagem.

– Que diabo é isso?

– Uma técnica nova. É que a gente que tem Porsche quase não consegue usar o carro nas ruas. No máximo aquela circulada aos domingos na frente dos bares e restaurantes bacanas. Mas cansei disso de ter que passar cinco vezes no mesmo lugar até todos notarem, sabe? Então, para aproveitar mais o possante, criei a Porsche Massagem. Começa com um shiatsu feito sobre o capô. Depois destrava as costas apoiado no banco da frente, passa para o detrás para a aplicação de óleos – inodoros, para não estragar o cheirinho de carro novo –, e finaliza com um relaxamento em cima do Porsche, com ele ligado, ao som dos motores. A gente sai revigorado e com aquela sensação boa de poder.

– Sei, sei, que compensa todo o resto. Vou recomendar para o pessoal lá na Câmara. Mas, olha, capricha aí na massagem que lá vem bomba.

– Fala.

– Pegaram nossos cabras aqui no aeroporto de Brasília.

– Quantos?

– Só dois.

– Menos mal. Quanto morreu nessa?

– Quase quinhentos mil. Foi o que conseguiram enfiar dentro das cuecas e meias.

– Só? Já vi um neguinho esconder 2 milhões.

– Ah, conheço ele. Mas esse já tinha a prática de uns bons anos de mandato e embarcou vestindo fralda geriátrica. Assim, até eu. [Risos] *Os dois aí são iniciantes, não viajaram nem dez vezes ainda.*

– Mas fizeram o treinamento?

– Ô! Nota oito em quase todos os módulos: Cueca, Meia, Cadeira de Rodas, Malas & Maletas, Fundo Falso, Brinquedos & Instrumentos Musicais...

– E qual a situação?

– Estão na PF prestando depoimento, mas não vão contar nada, te garanto.

– Sem problema. Vou dar um pulo lá, dizer que são meus funcionários e estavam levando dinheiro para comprar um imóvel no Rio.

– E se perguntarem de onde veio a grana?

– Desde quando é crime transportar dinheiro em espécie? E, vamos combinar, isso é troco, né?

– Pois é. Quer que mande meu motorista te levar?

– Que nada, vou de Porsche. Chegar chegando.

– É isso aí, mostra para eles com quem estão falando. Vou avisar o pessoal.

– Ótimo. Ei, só mais uma coisa. E os pen drives? A PM achou?

– Nem desconfia. E não precisa se preocupar: os dois cabras tiraram 10 no módulo Ocultação Interna.

Hallelujah! Finalmente um legítimo *Genoino's Underwear* para meu currículo! Cheguei a pensar que a técnica estava em desuso. Havia lido centenas de relatórios dos espiões anteriores descrevendo a inventiva maneira que políticos, empresários e funcionários públicos brasileiros criaram para o transporte de grandes montantes de dinheiro. Porém, desde que assumi a Base Brasil, não registrei nenhum caso. No máximo alguns *Delubio's Socks*. Mas quem não esconde uns trocados na meia? Até eu quando viajo protejo uns dólares desse jeito por segurança. Não tem o mesmo peso no currículo, definitivamente.

Recordo a primeira vez que o *Genoino's Underwear* apareceu nos autos da NSA. Estava alocado na Nova Zelândia, entediado com denúncias de roubos de esferográficas no Senado – o caso mais "quente" de irregularidade que presenciei por lá –, quando o espião no Brasil passou o relatório anunciando a descoberta. Incrédulas, as Bases do mundo inteiro iniciaram uma saraivada de perguntas: "Por que eles utilizam a cueca como modo de transporte tendo a facilidade das transações eletrônicas?"; "A técnica é usada em concomitância com a transferência de moeda para contas em paraísos fiscais?"; "Se o dinheiro é manipulado em espécie da aquisição à desova, a Receita Federal não toma conhecimento?"; "É uma cueca especial ou desenvolveram modelos mais resistentes?"; "É necessária a lavagem de dinheiro depois, digo, literalmente?"...

As questões eram pertinentes e ajudaram o espião no Brasil a traçar em minúcias uma cartilha sobre a técnica. Faltava-lhe um nome. Na NSA, adotamos um modo peculiar de identificar os estratagemas que servirão de *case* para investigações semelhantes nas Bases distribuídas por todo o globo. Não é como na ginástica artística, por exemplo, na qual um novo movimento homenageia o primeiro atleta que o executou – como o *Dos Santos*, o duplo twist carpado da Daiane.

No nosso caso, a nomenclatura é formada com a soma da alcunha pela qual é conhecida a pessoa de maior importância relacionada ao fato mais um elemento marcante identificado na investigação. Assim, citando um exemplo clássico na NSA, quando funcionários do então primeiro-ministro italiano Silvio Berlusconi contrataram menores e prostitutas para festas que misturavam política, sacanagem e negociatas, não foi o nome deles que vingou, mas o do seu chefe. A técnica ficou conhecida como *Berlusconi's Bunga-Bunga* no *Manual do Espião*.

Em 2005, quando o caso dos dólares na cueca foi documentado pela nossa operação no Brasil, inicialmente foi chamado de *Adalberto's Underwear*. O nome fazia referência a José Adalberto Vieira da Silva, o homem que havia sido capturado no aeroporto de Congonhas com US$209 mil em uma maleta e mais US$100 mil sob a Zorba vermelha. Porém, foi uma decisão precoce. As investigações mostraram que ele era assessor parlamentar do deputado estadual cearense José Nobre Guimarães, com maior grau de importância que um mero funcionário. Logo, o espião no Brasil teve que alterar para *Guimarães' Underwear* – o *José's* não estava mais disponível, portanto, adotou-se o sobrenome, seguindo o padrão anterior do *case Dirceu's Backpack*.

Porém, nova mudança precisou ser feita quando o espião soube que Guimarães era irmão do então deputado e presidente do PT José Genoino. Com um posto mais estrelado, ele tinha, por mérito, a preferência na nomenclatura da nova técnica. "Comunico a todas as Bases que o método desenvolvido no Brasil para transporte de grande montante de dinheiro em espécie dentro de cueca ou similares passa a ser chamado de *Genoino's Underwear*. Favor desconsiderar os relatórios anteriores. Esta é uma decisão definitiva e deve constar no *Manual do Espião*", dizia o *memo* enviado a todas as Bases.

Recentemente, consultei meus superiores se havia histórico de atualização nos nomes das técnicas. Isso devido a possibilidade de prisão de José Genoino por conta da participação no mensalão e a considerável ascensão de Guimarães após o caso – desde os acontecimentos no aeroporto de Congonhas, foi eleito para dois mandatos como deputado federal e, atualmente, é uma das figuras mais proeminentes do Partido dos Trabalhadores. Pela lógica, sendo o personagem mais forte envolvido, ele poderia reassumir a nomenclatura. Porém, fui comunicado que a homenagem não é retroativa e deve-se manter o termo original.

Com a identificação hoje de um *Genoino's Underwear*, ultrapasso meus antecessores. Consegui completar praticamente toda a tabela de *cases* já descobertos na Base Brasil e ainda contribuí com um novo *case* à lista, no capítulo aeroviário: o *Aécio's Helicopter*. No entanto, ganhar a honraria máxima da NSA é uma meta quase impossível. Eu precisaria captar novamente nas investigações telefônicas ou virtuais um *Lula's Briefcase*.

RELATÓRIO/GRAMPO #902

Captado nas escutas da Base Brasil um *Genoino's Underwear*. Por favor retirar a técnica do setor *Old School* na Base USA e atualizá-la como um método ativo.

Em pesquisa: possibilidade de nova técnica, primariamente chamada de *Gugu's Porsche*. Ela consiste na tentativa de intimidação de forças policiais mediante ostentação de bens de valor elevado. Convém mais investigações antes de dar início ao processo de inclusão nos autos.

PASTA
SNAKES ON A PLANE

GRAMPO #979

– Neide, por favor, ligue para o Dr. Fernando, do Recife.

– Um minuto.

[...]

– Dr. Fernando, aqui é a Neide, secretária do senador Renan Calheiros. Ele gostaria de falar com o senhor.

– Ok. Pode transferir.

[...]

– Grande Renan! Preparado?

– Mais ou menos, doutor. Me explica novamente o procedimento.

– Vamos implantar mais de 10 mil fios de cabelo, retirados da sua nuca e colocados um a um na área da calvície. O procedimento envolve nove médicos e pode durar até oito horas. É um pouco demorado e, depois, tem uns três dias de pós-operatório, mas os resultados são ótimos. Olha que beleza está o do Zé Dirceu. Cabelo de maestro! [Risos]

– Mas não vai ficar com aquele aspecto de cabelo de boneca? O pessoal vai notar?

– Tenho que ser bem sincero com o senhor. Eles vão começar a florescer em quatro meses e só vai aparecer alguma coisa daqui a quase uma ano.

– Bom, mais rápido que votação de emendas, pelo menos.

– Não se preocupe. Depois preenche que é uma beleza. O senhor vai ser o George Clooney do Congresso!

– Opa! Então fechado. Vamos nessa.

[...]

– Neide, cancele toda a minha agenda para a próxima quarta-feira e os dias seguintes. E confirme com a secretária do Dr. Fernando a cirurgia para implante capilar.

– Ok.

– Também ligue já para a FAB requisitando o voo de Brasília para Recife.

– Devo alegar emergência médica?

– NÃO, menina! Apenas serviço, o de sempre. Só isso, entendeu?

– Correto.

Pronto. Com essas ligações, creio que já reuni dados suficientes para o processo de abertura de um novo *case*, o *Renan's Airplane*. Minha investigação começou ao rastrear as escutas do Grupo de Transporte Especial da FAB, ligado ao gabinete do comandante da Aeronáutica. Chamou minha atenção a quantidade de voos solicitados por ministros, secretários e os chefes do Legislativo e do Judiciário. Procurando os dados oficiais, descobri que autoridades podem fazer uso da frota. Porém, caso a Força Aérea Brasileira tivesse um plano de milhagem, alguns já teriam garantido o mítico ticket *Round The World*.

Nos pedidos à FAB, mencionam os motivos oficiais garantidos por decreto: "segurança e emergência médica, viagens a serviço e deslocamentos para o local de residência permanente". No entanto, tenho acesso aos telefonemas internos e sei que às vezes as informações não batem. Quando iniciei minha operação no Brasil, foi um choque. Estava influenciado pelos anos de moral vivenciados na Base Nova Zelândia e não concebia o gasto de milhares de reais em viagens para fins próprios usando aviões públicos.

Alguns meses no QG de Brasília foram suficientes para descobrir a maleabilidade ética vigente. Continuei acompanhando as escutas, mas assimilando o "isso é normal por aqui", como dizem, complacentes, os brasileiros em situações de desvios de caráter dos políticos. Porém, recentemente alguns casos me deixaram de novo em estado de alerta. Os motivos para os voos – os reais, coletados nas escutas, não os oficiais, mencionados à FAB – ultrapassam o limite da moral, mesmo para os padrões locais.

"Estariam eles falando em código?". A pergunta não é estapafúrdia. Depois da revelação de nossas operações por Edward Snowden, todas as Bases pelo mundo identificaram mudanças de linguagem nos telefonemas. Conversas aparentemente banais que, na verdade, são informações codificadas. A Base Argentina já descobriu, por exemplo, que ao mencionar *dulce de leche* nas conversas, a presidente

Cristina Kirchner está se referindo ao grupo de comunicação Clarín, seu arqui-inimigo. Sabendo desse estratagema, a frase "É preciso colocar o *dulce de leche* para ferver" assume uma conotação muito mais grave do que uma trivial receita culinária.

O caso de Renan Calheiros é, no mínimo, suspeito. Uma viagem do presidente do Congresso Nacional, bem no meio da semana, para fazer um implante de 10 mil fios de cabelo? Seria Pernambuco realmente um centro de referência nacional no tratamento da calvície? Qual a razão de indicar para a FAB quatro passageiros para o voo? É necessário ter esse número de acompanhantes para checar o preenchimento da área carente de cobertura capilar? E o mais intrigante: por que não se vê o resultado do procedimento? Tenho que aprofundar minhas investigações.

Estou direcionando as escutas para o Porto Digital, importante parque tecnológico existente em Recife, e cruzando-as com as do gabinete do Renan. Por enquanto, é apenas um palpite. Depois que as operações da NSA foram expostas, os países estão criando núcleos cibernéticos para identificar nossos hackers e espiões. Talvez a visita a Pernambuco seja uma reunião secreta mascarada de procedimento estético. Teria o presidente do Senado como cabeça na implantação do plano para cobrir as ações de proteção digital do governo brasileiro. Tenho indícios, inclusive, que arquitetaram uma cooperação internacional.

Identifiquei movimentos suspeitos dessa natureza meses antes, justamente após Snowden vir a público. Na época,

Garibaldi Alves, ministro da Previdência Social, e Henrique Eduardo Alves, presidente da Câmara dos Deputados, viajaram para o Rio de Janeiro em voos distintos da Força Aérea Brasileira para, em teoria, assistir à final da Copa das Confederações. Desconfiei. Viagens de lazer, acompanhados de "amigos" e "familiares", em aviões oficiais? Levando em conta que foi um evento que reuniu representantes dos governos de diversos países, seria o álibi ideal para uma cúpula de contra-inteligência nos bastidores dos camarotes VIP.

Esse conluio pode ter sido armado duas semanas antes. Identifiquei uma estranha conexão Maceió–Porto Seguro–Brasília em um avião da FAB. O solicitante: Renan Calheiros. Oficialmente, era uma viagem de representação. Minhas escutas, no entanto, indicaram que ele se dirigia para um pequeno povoado chamado Trancoso. O objetivo, segundo diziam, prestigiar o casamento da filha do deputado Eduardo Braga. Uma reunião de políticos em um destino remoto, afastado dos grandes centros? Estado de alerta amarelo. No decorrer das conversas, mencionaram várias vezes uma pessoa de codinome "Latino", responsável por um "show privê". Muito suspeito. Estado de alerta vermelho.

Agora, com os novos dados, consigo formular o pedido de abertura do *Renan's Airplane* à Base USA. Com a aprovação, posso dedicar mais tempo, verba e equipamentos para me aprofundar nesse *case*. A prioridade máxima é decodificar a sentença proferida pelo informante "Latino" e os participantes do encontro que marcou o início das operações: "Pode aparecer, vai rolar bundalelê".

RELATÓRIO/GRAMPO #979

URGENT: Solicito a abertura imediata do *case Renan's Airplane* na Base Brasil. Consiste na adulteração de objetivos de voo em aviões da Força Aérea Brasileira com o intuito de esconder um plano para identificação das operações da NSA em território nacional. Possíveis ramificações internacionais, especialmente nos países participantes do obscuro bloco político-econômico denominado Mercosul.

Consultar nos arquivos da NSA e FBI a existência do cadastro de um informante cujo codinome é "Latino". Fazer a varredura também nas pastas Hackers, Terroristas e Espiões Estrangeiros.

PASTA — JOGOS, TRAPAÇAS E DOIS CANOS FUMEGANTES

GRAMPO #421

– Fala, compadre. Há quanto tempo!

– Pois é, a última vez foi quando? Na convenção do partido?

– Acho que sim, né? E aí, recebeu o presente?

– Bah, não precisava! O hotel era incrível. E a piscina? Fundo infinito para o mar do Caribe. Todo mundo adorou a viagem. E aproveitei para seguir teu conselho. Tirei um dia para falar com aquele contato e abrir uma conta no banco por lá.

– Eles são discretos. Você vai ver que maravilha. Um dia marcamos para eu te ensinar uns macetes.

– Ótimo. Mas, diga aí, o que manda?

– Estou precisando de uma força.

– Opa, para os amigos, sempre.

– Sabe a Silvinha?

– Sim, a tua do meio.

– Isso. Estou querendo ver se a gente consegue algo para ela.

– Bah, no meu gabinete está fogo.

– Por aqui também. Impossível depois que aquela jornalistinha de merda divulgou a contratação do meu mais velho.

– É, daí tem que ficar discreto por um tempo.

– Quem sabe lá com o seu cunhado, nas Minas e Energia.

– Não soube? O Paulinho abriu uma empresa de eventos no Rio agora. Faz todos as recepções para o Esporte e o Turismo. Está tirando uma grana preta.

– Então ele saiu de Brasília? Será que não tem a vaga dele?

– Em teoria não saiu, né? [Risos]

– Ah, claro!

– Mas fica tranquilo que vou dar umas ligações e te aviso.

– Perfeito. Se for no mesmo esquema do Paulinho, melhor ainda. [Risos]

– Pode deixar. Viu, aproveitando que ligou, também preciso de uma força. E aquela reunião no Ministério para mim, vai sair?

– Opa, para os amigos, sempre.

Casos que envolvem parentes de políticos circulando aqui pelas escutas que fazemos no governo federal e nas Células estaduais da NSA não são uma novidade. Posso garantir: em nenhum outro país que trabalhei vi pais e mães tão zelosos com o futuro de seus filhos. Na Europa, por exemplo, nem bem saíram da adolescência, eles se afastam do seio familiar. No Brasil, há um desejo de mantê-los sob suas asas. E esse afeto é sem tamanho no meio político. Ele se estende a irmãos, netos, cunhados, primos distantes e até aos amigos mais fiéis.

É tocante o posto que muitos deles ocupam: cargos de confiança. O nome é perfeito. Diante de decisões políticas, sociais, empresariais ou que mexem com a máquina que faz andar o governo brasileiro ou estadual, em quem você confiaria? Em alguém do seu próprio sangue ou um *best friend*, claro. E esse amor só faz crescer as oportunidades de tê-los por perto. No Brasil, só no governo federal há em torno de 24 mil cargos de confiança. Nos Estados Unidos – que vergonha – são só 8 mil. E o que dizer do Reino Unido, com apenas 300? Desalmados!

O empenho dos políticos em dar suporte a seus familiares e *BFFs* chega a ser comovente. Quando não conseguem emplacá-los no próprio reduto, iniciam uma verdadeira peregrinação telefônica entre amigos. Fazem escambo de cargos, conseguem promoções, negociam salários, promovem intercâmbios de verbas, trocam por reuniões importantes. Tudo para dar suporte a seus entes e amigos queridos.

As pessoas que os acusam de nepotismo não conhecem os bastidores solidários dessas colocações no mercado de trabalho. É um ambiente de parceria, de troca, de comunidade. A frase mais usada por eles revela bem isso: "Preciso de uma força". É quase uma súplica de ajuda a um companheiro de longa data.

Há casos que segui desde o início das negociações e gostaria de acompanhar. Porém, algo estranho acontece depois que, enfim, eles conseguem o posto tão batalhado. Direciono as escutas para o escritório onde o parente ou amigo deveria estar trabalhando e não identifico nenhuma ligação deles. Devem ser mais afeitos ao *face to face* do que ao contato telefônico.

RELATÓRIO GRAMPO #421

Conversa sem conteúdo significativo para as investigações, apenas utilizada para um treinamento do capítulo Discurso Irônico *Level* 5 – grau máximo na tabela de avaliação.

GRAMPO #444

– E aí, compadre, tudo tranquilo?

– Bah, agora, sim. Não cassaram o mandato do Donadon, então mais aliviado.

– Pois é, que beleza, né?

– Olha, já estava desacreditando nessa nossa Câmara, viu.

– Oxê, nem me fale! Com a pressão dessa folia das manifestações e o surto repentino de justiça no mensalão achei que o pessoal ia é borrar as calças e votar a cassação dele.

– Que nada, o pessoal é ponta firme. E logo, logo o Donadon está ali no Plenário, firme e forte.

– Aliás, tem falado com ele?

– Só quando consegue um celular lá na prisão. Mas é jogo rápido porque acabam os créditos.

– A que ponto chegamos... Um deputado ter que se sujeitar a celular pré-pago...

– Uma puta sacanagem, mesmo.

– Ei, por curiosidade, o que ele faz para não ser descoberto?

– Ele é safo, fez um tal de curso de Ocultação Interna que o Dado recomendou.

– Ai... Espero que ele lembre de desligar o vibracall.

Sou um espião treinado para situações de risco. *Expert* em manter o sangue frio em operações externas nas quais não posso ser descoberto. Já fiquei cara a cara com os piores tipos: terroristas iraquianos, chefes da máfia russa, mercenários africanos, o ex-presidente Hugo Chávez... Em nenhum momento nessas ocasiões saí um milímetro do personagem que estava incorporando. Impávido do início ao fim da operação. Então porque diabos me ruborizo com conversas como essa?!

Desconfio que o isolamento da sala de escuta seja o culpado. Com a garantia de que não vou ser preso ou assassinado caso demonstre algum resquício de emoção, meu corpo relaxa. O inevitável acontece. No início da ligação está tudo bem. Quando começo a perceber indícios de desonestidade, o sangue começa a ferver lentamente. Ao ouvir que está consumada a negociata ou a sacanagem com a população, fico ruborizado.

Nesse caso, por exemplo, custei a acreditar que não era brincadeira de mal gosto. Uma daquelas piadas infames que melhores amigos contam e depois caem na gargalhada. Um deputado condenado a 13 anos de cadeia por peculato e formação de quadrilha e cumprindo a pena em regime fechado, efetivamente atrás das grades, tem seu mandato mantido numa votação de seus pares na Câmara dos Deputados. Um caso tão surreal e vergonhoso que não me contive. O sangue subiu e meu rosto ficou igual ao de um alemão depois de beber vinte canecas de chope na Oktoberfest.

O desgosto maior? Ver depois nas imagens do nosso circuito secreto de TV do Plenário que eles não alteraram um músculo sequer da face ao cometer esse acinte à democracia. Pelo menos não teve a famosa "dancinha da pizza". Seria o teste máximo ao meu sistema nervoso.

RELATÓRIO/GRAMPO #444

Solicito a verificação se há precedentes em alguma Base no mundo de um deputado que, mesmo preso, tenha mantido seu mandato. Caso não haja histórico semelhante, envio o material relativo a essa decisão inédita para o Núcleo Secreto de Estudos do Jeitinho Brasileiro, parceria da NSA com a *Harvard University*.

GRAMPO #472

– E aí, compadre, tudo beleza? Estou te ligando para saber se você já decidiu.

– Opa, estou analisando as propostas ainda.

– Você já falou com o PSOL?

– E eu lá tenho vocação para pobre?

– E o PV?

– Deus me livre! Desse mato é difícil saírem verdinhas.

– Só as secas e deschavadas. [Risos] *E o PSB?*

– E eu sou louco? Aposto que esse casamento Eduardo e Marina vira divórcio antes da eleição. E, vamos ser sinceros, já imaginou fazer reunião com a Marina? A mulher parece que decorou um jogral lá nos tempos do Chico Mendes e não vira o disco. Não tenho paciência, não.

– O PMDB já convidou, você sabe.

– Ali tem tanto urubu ao redor da carniça que periga não sobrar nada para mim... Já está tudo loteado. Melhor deixar como plano B.

– PR?

– Compadre, até pensei, sabe... Mas e a humilhação de depender dos votos do Tiririca para entrar?

– Mas estão fazendo uns acordos bacanas, vai rolar coisa boa por aí, de repente cai na tua horta... Acho bom não descartar ainda. E o PSC?

– Não vou com as fuças do Feliciano.

– E quem vai?

– Tem mais: eu em um partido com Cristão no nome?

– Chega a ser pecado. [Risos]

– O PP nem te pergunto...

– Pois é, concorrência demais ali também.

– Olha, eu andei pensando no PSDB.

– Opa, virando a casaca?

– Sei lá, vai que o Aécio ganha.

– Se a gente tivesse certeza, até valia arriscar. Mas estou achando que vai morrer na praia, mesmo.

– Bom, resumindo, ainda indefinidos, certo?

– Isso aí, até aparecer uma proposta boa. Naquele esquema: pagando bem, que mal tem?

Espião, controle-se! Respire fundo. Isso... Inspira. Expira. Inspira. Expira. Pense nas paisagens que cercavam a Base Nova Zelândia. Os fiordes, as montanhas, as ovelhas em pastos verdejantes. Isso... Lembre da tranquilidade que era trabalhar na Base Holanda. O vento batendo no rosto ao ir para o QG de bicicleta, as orquídeas na entrada da floricultura que escondia nosso escritório... Isso... Inspira. Expira. Inspira. Expira. Ouça o cântico da ex-espiã Enya ao fundo, seus acordes suaves que faziam qualquer *target* adormecer... Isso... Mescle com o barulho das ondas do mar onde jogamos o corpo do Osama Bin Laden. Elas vão e vêm... Vão e vêm... Isso... As negociatas existentes na política brasileira agora estão lá longe... Bem longe... Negociatas!? Negociatas!? Droga! Não deu certo. Ruborizei de novo.

RELATÓRIO/GRAMPO #472

Grampo recorrente, sem importância para novas investigações. Enviar diretamente a transcrição para o Núcleo Secreto de Estudos do Jeitinho Brasileiro.

PASTA
EM NOME DO PAI

GRAMPO #853

– Onde você está, rapaz?

– Calma aí, Bittar, estou terminando um jogo aqui.

– Porra, Lulinha. A reunião é agora e você no game. *Sacanagem.*

– Que horas são?

– Três da tarde! Sabe como é difícil marcar reunião no Ministério.

– Eu que consegui marcar, pô! E nem foi tão difícil assim.

– Para você, não, né?

– MORRE, DESGRAÇADO FILHO DA MÃE!

– O que é isso, cara?

– É aqui no jogo..

– Não estou acreditando nisso! Negócio de milhões, Lulinha, milhões! E você jogando videogame. Não podemos dar chá de cadeira no pessoal.

– Mas estou quase matando o Black Devil level 7! Dez horas sem sair para chegar até aqui.

– Porra! Nem para ir ao banheiro?

– Faço na garrafinha. MORRE, DESGRAÇADO, MORRE!

– Abaixa esse som! Bom, não tem jeito. Vou entrar online *para te ajudar a matar o Black Devil. Mas é matar e daí nós vamos, ok?*

– Não precisa, não!

– Estou entrando.

– Eu disse que não precisa!

– Já conectei. É no Hell World, certo? Vou entrar com o Viking Ogro. Qual seu personagem?

– Não preci...

– PORRA, LULINHA! VoltaDaddy Prince?

– Bora, cansei, vamos para a reunião. Te encontro lá.

Fazia muito tempo que o Lulinha não aparecia nas escutas. Na verdade, havia poucas informações interessantes para nossa operação. Se não fosse pelo apelido, teria passado em branco e a transcrição iria direto para o setor *Bullshit*. Mas bateu a curiosidade ao descobrir que era filho do presidente. Fui pesquisar nos arquivos dos meus antecessores e lá estava o material com os relatórios relativos a ele.

O *Manual do Espião* é claro: "Para a nomenclatura das pastas, deve-se escolher títulos de filmes. É necessário observar dois critérios principais na nomenclatura: 1) Ineditismo – para evitar duplicidade. 2) Segurança – seleção de nomes internamente compreensíveis *(Ver Anexo II – NSA Archives for Dummies)*, mas que não indiquem diretamente o conteúdo interno". O espião que estava na época descumpriu ambos. Havia duas pastas chamadas "Em Nome do Pai". Descartei a de Roseana Sarney antes de chegar na do Lulinha.

Quem diz que os Estados Unidos é a terra das oportunidades não conhece o Brasil e a história de sucesso desse rapaz. Me entusiasmei principalmente com o início da sua trajetória. Mesmo filho do então presidente, não teve privilégios. Começou modesto, como monitor de um zoológico e fazendo alguns bicos. Com muito empenho, em um ano virou acionista de uma empresa de entretenimento e tecnologia. Meses depois, já havia multiplicado o valor de suas ações em mais de dez vezes. E antes de fechar o ciclo de meia década, diversificava os negócios, vivia na ponte-aérea São Paulo–Brasília e participava de sociedades que recebiam aportes milionários da maior empresa de telefonia do país.

Consta na pasta "Em Nome do Pai", que o espião da Base Brasil na época comunicou imediatamente Bill Gates. Parceiro tecnológico da NSA, temos que informá-lo sempre que há indícios de um projeto brilhante capaz de ameaçar o monopólio da Microsoft em um futuro próximo. Porém, seus investigadores particulares não conseguiram identificar os mesmos predicados excepcionais observados pelas companhias brasileiras que fecharam parcerias com as empresas de Lulinha e seus sócios. Bill nem sempre é tão visionário quanto imaginam.

RELATÓRIO/GRAMPO #853

Solicito aos *Millennial Spies* – Subdivisão *Games* que monitorem, a título de acompanhamento, o personagem *VoltaDaddy Prince* no videogame que contém uma fase denominada *Hell World* (descrição completa não disponível). Monitoramento previsto para cinco meses de avaliação antes de reencaminhar a Pasta "Em Nome do Pai" para o setor *Bullshit*.

PASTA TUDO PELO PODER

GRAMPO #1171

– Oi, Lula. Você tem que me contar o que anda prometendo por aí, pô!

– Ora, estou fazendo o que precisa ser feito, Dilma. Ou você acha que esse povo vem de graça?

– Sim, eu sei, já perdemos o PTB.

– Fiz de tudo para manter, mas o Roberto Jefferson decidiu. Lá da cadeia!

– E esse tom de espanto? Como se a gente pudesse falar alguma coisa...

– Estamos em época de fazer o loteamento, Dilma. 720 segundos, 720 segundos, um carguinho, um segundinho, 720 segundos. Já te ensinei a musiquinha, né?

– Sim, mil vezes. Viu, vou ter que trazer de volta para o Ministério dos Transporte o... Como é o nome dele mesmo?

– Paulo Sérgio Passos.

– Isso. Que mico! Tirei ele faz o quê? Um ano, um pouco mais?

– Exigência do PR, querida.

– Pior que está não fica.

– Hein?

– Ai, acho que não sou boa piadista... Tenho sempre que explicar. "Pior que está não fica" foi o bordão do Tiririca para deputado federal. Ele é do PR.

– Bom, deu certo.

– Vergonha alheia nessas horas... E a presepada do Maluf no governo de São Paulo, hein?

– Esperou até o último dia para mudar do Padilha para o Skaf.

– Dou um dedo se ele... Quer dizer... Dou uma orelha se o Maluf não fez isso de propósito. Só para fazer a gente passar pelo constrangimento de tirar foto com ele de novo.

– É possível. Mas o Padilha com 3% nas pesquisas também não ajuda muito, né?

– A palavra, o respeito e o compromisso não contam mais? Bom... Esquece o que disse. E como vamos com o PMDB? Vão querer minha sala e meu corpitcho junto dessa vez?

– Tudo o que o que conseguirem tirar e mais um pouco, como sempre.

– Esses dias eu espirrei numa reunião ministerial e alguém disse "saúde". Na mesma hora o Temer gritou "Eu quero, eu quero".

– 720 segundos, 720 segundos...

– Tá, tá, tá! Ei, e o Sarney, hein? Finalmente se aposentando.

– Já vai tarde! Achei que fosse tipo o Mun Rá.

– Hã...

– Antigos espíritos do mal, transformem essa forma decadente em... Mun Rá!

– Ah, claro. Será que ele esperava que eu fosse lá e dissesse "Sarney, meu lindo, não sai, não. Fica que a Dilminha apoia você".

- Certeza que sim. O velho não é burro, não. Ou não era... Ei, só de sacanagem, vamos mandar uma pantufa para ele? [Risos]

– Como estão os outros candidatos?

– O Eduardo Campos e a Marina...

– Os traíras.

– Isso, os traíras devem ter uns dois minutos.

– Bem feito. Se colocarem a Marina para falar acaba o tempo só nisso. E o Aécio, hein?

– Uns seis minutos provavelmente.

– É daí complica mais. Será que deslancha?

– Nada, vamos acabar com ele no primeiro turno, Dilma. Você vai ver...

– Será? O Aécio convence, é um político de carreira.

– Olha...

– Hã? Ah! Piada involuntária. [Risos]

"Não tente entender a política brasileira". Até hoje não sei se a mensagem que encontrei no meu primeiro dia de trabalho era de um antigo espião ou um teste armado pelos meus superiores. O fato é que encarei como um desafio ir contra o que aquele bilhete me indicava. Comecei estudando os partidos políticos e suas coligações. Fiz um grande infográfico com nomes, características e ligações entre eles. Também identifiquei suas tendências – esquerda, direita, centro, oposição e situação. Relacionei a filiação partidária de senadores, deputados e ministros e, depois, parti para os cargos de confiança do primeiro e do segundo escalão. Ampliei o espectro federal e fiz a subdivisão por estados e principais capitais do país.

Depois de seis meses de exaustivas pesquisas, pendurei o *board* na parede em frente à minha mesa. *Voilà*! Parecia uma mandala feita por um esquizofrênico... Não tinha nexo algum! Pela minha experiência como espião em outras democracias, imaginava que as coligações deveriam ter como espinha dorsal uma unidade ideológica. Uma base que, mesmo com alguns desvios, norteia os princípios da coalizão e, mais importante, serve de farol para os eleitores. Indica a eles que caminho podem seguir ao se identificarem com determinada ideologia.

No Brasil, considerei impossível fazer esse tipo de relação. As coligações não respeitam uma linha de pensamento. Em certos casos, são totalmente contrárias nos âmbitos federal, estadual e municipal. Tentei achar alguma lógica pesquisando nas eleições anteriores o histórico dessas parcerias. Minhas dúvidas só aumentaram. Concorrentes que se digladiavam em um pleito, no seguinte estavam, sorridentes, sobre o mesmo palanque. Inimigos históricos pareciam ter passado por um processo de lavagem cerebral que transforma ódio mortal em amor eterno.

Um exemplo emblemático para mim, entre tantos, é o do Partido dos Trabalhadores. Num passado não tão remoto, o político José Sarney era considerado pelo PT um "grande ladrão". Esse termo foi cunhado pelo próprio Lula, mas imagino quais apelidos impublicáveis lhe eram atribuídos nos bastidores. De acordo com minhas pesquisas, na visão do PT, Sarney era o símbolo de alguns dos males mais nefastos da política brasileira, como nepotismo, coronelismo e ditadura. Cheguei a anotar uma frase de Lula sobre seu arqui-inimigo: "Se disputasse uma eleição, os votos do José Sarney não dariam para encher um penico". Porém, eis que avançando na linha do tempo, encontro a informação de que se tornaram parceiros, com direito a calorosos elogios e defesas públicas.

What the fuck!? Era a única expressão que me vinha enquanto tentava entender a lógica dessa mudança de pensamento e, por tabela, a mágica do perdão. Ainda não tinha encontrado resposta quando descobri nas pesquisas outro personagem em situação semelhante: o ex-presidente Fernando Collor de Mello. Primeiro descubro as citações do Lula e demais membros do PT o chamando de corrupto. Não muito adiante, leio que foi escorraçado do Palácio do Planalto com o apoio do partido. Avanço um pouco mais e constato que, atualmente, Collor é senador e um importante aliado do governo – com beija-mão e demonstrações de carinho *included*.

Tendo claro que não conseguiria compreender a lógica das coligações, passei a analisar os partidos isoladamente. A primeira dificuldade foi chegar a uma lista final. São tantos e mudam com tal frequência que minha planilha já estava na versão 15 e eu ainda não tinha concluído a primeira parte do estudo. As dúvidas só aumentavam. Por que existem cinco ou seis partidos diferentes com ideologia tão semelhante? Qual a razão de não se unirem, já que têm princípios compatíveis?

"Olha, professor, o macaco sempre procura a árvore que dá mais frutos, mesmo que tenha que pular de galho em galho para alcançá-la e negociar com o clã inimigo. Chegando lá, se farta, se lambuza todo, demarca o território e faz qualquer coisa para não arredar o pé dali". A explicação veio de Manuel, dono da padaria onde tomo café da manhã. Na época eu não entendi.

Parti para a análise individual dos políticos. Novo desafio. Fidelidade partidária é uma qualidade de poucos. Trocam de legenda ou criam uma nova com um despudor quase obsceno. Imaginei como seria nos Estados Unidos. Um conhecido republicano acorda de manhã com uma vontade louca de ser democrata. De repente, todas as ideias que defendeu parecem equivocadas, como se em sonho tivesse recebido uma iluminação. Sem aviso prévio, muda de partido no meio do mandato. O eleitorado que votou na ideologia que ele representava certamente consideraria uma traição imperdoável. E no Brasil, como reagiriam?

A Solange tinha acabado de começar a trabalhar na minha casa. Creio que foi a primeira consulta informal que fiz a ela para entender os pormenores brasileiros. Questionei em quem ela tinha votado nas últimas eleições. Com muito esforço, ela lembrou. "E qual o partido dele?". Não fazia ideia. E mais: não dava importância para isso. Fui percebendo que esse comportamento é comum por aqui. A maioria das pessoas vota na pessoa e não na ideologia que ele representa ou no seu plano de governo. Talvez por isso os políticos não se sintam compelidos a explicar perante seu eleitorado mudanças bruscas de caminho. Quem sabe é pela garantia do esquecimento público que reciclem a cada eleição promessas não cumpridas.

Com o passar dos anos, passei a compreender melhor a maneira de fazer política no Brasil. Deixei de lado a visão *naïf* que tinha quando cheguei ao país. Ideologia e interesse público? *God*, eu não era um principiante! Tinha conhecido tantos e tão diversos sistemas políticos que deveria ter percebido antes que essas não são as prioridades por aqui. Descobri por meio das milhares de escutas que partido é um mero produto de escambo. A sigla vale como moeda de troca por cargos públicos, tempo de televisão, pagamento de campanha, apoio político, benefícios para a base eleitoral, prestígio e vaidade. Não há pudores para se chegar ao poder e menos ainda para se manter por lá.

E o povo diante disso? Parece ter criado diferentes couraças. Há os que não estão nem aí, os resignados, os resistentes, os contestadores, os desiludidos e até os que preferiram desenvolver cegueira crônica. "Sou brasileiro e não desisto nunca", diz o lema oficial da população. Acho digno, porém triste em certos casos. Quando está relacionado às rasteiras que levam do dia a dia, a frase revela o espírito guerreiro, mas embute a consciência de que é uma luta na qual está brigando sozinho. Nessas horas, na modesta opinião de um gringo, talvez a melhor forma de contestar seria começar a dizer a seus governantes: *What the fuck!?*

RELATÓRIO/GRAMPO #1171

Solicito a contratação de três estagiários e a transferência de dois *Millennial Spies* para o QG de Brasília para colaborar nas investigações durante o período de eleições presidenciais na República Federativa do Brasil. Grande possibilidade de material inédito para novos *cases*.

PASTA LOST IN TRANSLATION

GRAMPO #1183

– Aldo, precisamos bater os dados dos estádios da Copa. Tem coletiva hoje e aquele povo vai martelar nessa história, já estou vendo.

– Beleza. Espera aí que vou pegar a planilha.

– Rápido, please. *Tenha rashta yoga em meia hora.*

– Está aqui. Vamos lá. Arena Amazonas. A previsão era de 550 milhões de reais. Saiu por 757 milhões.

– Aff... E vamos fazer o que com esse trambolho lá nos cafundós depois?

– Estamos estudando outros meios de aproveitamento após a Copa, como shows, eventos...

– Aldo, Aldo... Eu, você e a torcida do... Qual o time grande que tem por lá?

– Não faço ideia.

– Bom, não importa. Eu, você e meio mundo sabemos que isso não vai acontecer. Então não precisa gastar esse papo para cima de moi, *ok? E faz o seguinte: fala o valor inicial, depois o final e já calcula a porcentagem do rombo entre eles, ok?*

– Arena Pantanal. De 342 milhões para 570 milhões. Ficou 67% mais caro.

– Aff... Outra ideia maravilhosa esse estádio em Cuiabá. Hashtag *DilmaIrônica, caso não tenha percebido.*

– Seguindo. Arena da Baixada: 184,5 milhões para 265, 44%. Arena das Dunas: 320 milhões para 417, 30%. Arena Fonte Nova: 592 milhões para 689, 17%.

– Opa! E ainda falam em superfaturamento. Veja que beleza esse dado de Salvador. Orgulho do povo baiano agora, viu.

– Arena Pernambuco: de 491 milhões para 650, 32%. Arena Castelão: 400 milhões para 519, 30%. Arena Corinthians-Lula...

– Esse nome ainda não foi aprovado. Menos, Aldo, menos...

– Arena Corinthians: 820 milhões para mais de 1 bilhão, 22%. Aqui ainda não temos o gasto das estruturas provisórias. Maracanã: de 932 milhões para 1,2 bilhão, 29%. Arena Beira-Rio: 130 milhões para 330, 154%.

– Bingo! Acho que temos um campeão em orçamento estourado aqui, hein?

– Hashtag *DilmaIrônica, certo?*

– Fofo. Adoro quando entendem minhas piadas.

– Calma, deixei o melhor para o final. Mané Garrincha: ia custar 631 milhões e está saindo por 1,6 bilhão, com previsão final de 1,9 bilhão. Mais de 200%

– Brasília não podia nos decepcionar, né? Eita cidade que preza pelos costumes.

– É isso. Quer bater também o que foi entregue das obras de infraestrutura? O legado?

– Aff... Estou de TPM, melhor ficar só com as notícias boas por hoje. Faz e me manda por WhatsApp.

Nos primeiros anos por aqui, fui encarregado da reforma da sala do detector de mentiras da Base Brasil. Ela foi construída nos anos de 1980, em uma parceria público-privada entre a NSA e a Organização Internacional dos Bancos Suíços. Na época, eles tinham interesse em fazer uma triagem prévia de políticos e empresários em Brasília. O objetivo: detectar *in loco* os desonestos e evitar gastos astronômicos com jatinhos privados, hotéis cinco-estrelas e toda a *mise-en-scéne* necessária para a abertura de contas polpudas no exterior. Porém, com taxa de 100% de identificação de mentira nas análises, mudaram de estratégia e criaram um curso para ensiná-los a burlar as autoridades brasileiras – um *know-how* depois condensado no e-book *Maluf Way to Invest*, sucesso de vendas nos paraísos fiscais.

Desde então, a sala teve pouco uso. Apenas um ou outro candidato a estágio. Porém, com a suspeita de células terroristas no Brasil, o Comando Central solicitou a reativação do detector de mentiras. Abri uma licitação secreta em caráter de urgência. Construtoras brasileiras rapidamente apresentaram suas propostas. A primeira delas descartei de cara. Achei um desleixo terem esquecido um cheque de 500 mil reais entre as folhas.

A segunda me levou para um passeio de lancha no Paranoá. Em um bate-papo informal demais para o meu gosto, queriam me convencer a apresentar à Base USA um orçamento três vezes maior do que o previsto para reformar o "ambiente de massagem eletrostática do anexo consular" – não podia revelar a real utilidade da sala, obviamente. Sugeriam ainda que, durante a obra, tornássemos o andamento mais moroso e incluíssemos novas necessidades para o ambiente, não computados no orçamento inicial. Com a recusa de dividir o lucro ou encarecer propositadamente a sala, tive que voltar nadando.

A terceira construtora tinha planos mais audaciosos. Faria a obra por "apenas" duas vezes o valor. O excedente seria entregue para mim, em espécie, em um hotel de Brasília. Além disso, doariam 2 milhões de dólares para a próxima campanha do Obama. Em troca, teríamos que passar contatos no governo americano e garantir a vitória em pelo menos duas licitações bilionárias nos Estados Unidos. Nunca vi homens correrem tanto ao ver uma caneta que se transforma em pistola.

No final, acabei contratando o marido da Solange. Com a ajuda do Tião e outros parceiros da borracharia, eles deixaram a sala tinindo em uma semana. Paguei metade do valor passado pelas construtoras. Mesmo assim, era o dobro do orçamento que ele havia proposto.

Foi a primeira vez que senti, *face to face*, o calor das negociações que acompanho pelas escutas telefônicas. Transações que são um entre vários fatores que acabam pesando para deixar fora da realidade os preços de obras e outros investimentos públicos. Certa vez, flagrei a negociação para a compra de um lote de papel higiênico. A conversa me interessou porque, justamente, estava levantando os preços de suprimentos para a Base Brasil. Enquanto discutiam normalmente os valores, saquei a calculadora. Numa conta rápida, cada rolo – especial plus, folha tripla, essência de lavanda – saía por 120 reais. Minha vontade era entrar na conversa e alertá-los: "Pessoal, isso é pelo menos 60 vezes mais do que vale!". Porém, parecia que ambos estavam de acordo e já partiam para a fase de negociação de algo que chamavam de "propina". Para entender o que significava, tive novamente que recorrer à Solange.

– Sol, um aluno meu no Fisk perguntou como se fala propina em inglês. O que significa essa palavra em português?

– É o toma lá dá cá, senhor.

– Fiquei na mesma com essa expressão de tantos monossílabos, Sol.

– Você dá uma força para a pessoa, e ela te dá dinheiro em troca.

– Como eu e você?

– Ai, pobrezinho... Não, é diferente. É pagamento que envolve maracutaia, coisa debaixo dos panos, ladroagem, falcatrua.

– Está difícil, Sol...

– Ai, deixa ver como explicar... Bom, senhor, resumindo: é ilegal. Em algum ponto da negociação alguém está sendo roubado ou enganado.

– Hum...

– Tipo a Zuleide, a cunhada do meu primo. Ela tem uma barraquinha de cachorro-quente, mas não tem a licença, então não poderia vender na pracinha do nosso bairro. Todo dia, o guarda dá um rolê perto da barraquinha, fica ali como quem não quer nada, e a Zuleide entrega para ele uma nota de 20 reais. Isso é a propina. Ele dá uma força para a Zu, e ela paga. Mas tudo debaixo do pano, entende?

– E quando é algo público, como uma escola, um hospital, uma rodovia ou um estádio, por exemplo?

– Também é propina, mas aí quem paga é o povo.

Com o tempo, fui captando os sinônimos e indicativos, anotados em uma mural no lado esquerdo da minha mesa: negocinho; caixinha; bufunfa; chorinho; maleta; encomenda; feira; remessa; quanto vale; quanto ganho; quanto rola; quanto cai; quanto por fora; e o meu; e o do amigo aqui; e os dos parceiros; e dos companheiros; minha parte; nossa parte. Mas a expressão que mais gosto, pela sua brasilidade, é: "Cadê o do leitinho das crianças?".

RELATÓRIO/GRAMPO #1183

Escuta relativa aos gastos das arenas brasileiras para Copa do Mundo FIFA 2014. Favor encaminhar para arquivo da Secretaria de Esportes como precaução para evitar a contratação futura das empresas responsáveis pelas obras, marcadas por atrasos e denúncias de superfaturamento.

PASTA — BRILHO ETERNO DE UMA MENTE SEM LEMBRANÇAS

GRAMPO #713

– Oi, Dilma, está acordada?

– Agora, sim... O que foi? Que horas são? Quatro da manhã!

– É que preciso te contar uma coisa. Sonhei que era o dia da abertura da Copa.

– Ai, lá vem você de novo... Que fixação!

– Ouve, pô! Sonhei que era o dia da abertura da Copa. Estávamos em São Paulo e a cidade inteira em uma festa nunca vista antes na história desse país. Ruas pintadas, bairros inteiros decorados e uma multidão nas ruas segurando bandeiras verdes, amarelas e também vermelhas...

– Como assim vermelhas? Contra que time era o jogo?

– Deixa eu terminar! Bandeiras verdes, amarelas e também vermelhas, com a estrela branca. Não é lindo isso? Já com lágrimas nos olhos e sorriso aberto, subimos em um Rolls-Royce preto conversível. Era um desfile em carro aberto para nos levar ao estádio. Durante todo o trajeto, a população jogava beijos e tremulava as bandeiras. Por todos os cantos, havia faixas de agradecimento:

"Obrigado pelos hospitais padrão FIFA, Dilma"; "Escolas show de bola. Valeu!"; "Saúde, educação e transporte campeões".

– Que lindo! Até acordei de vez agora. Conta mais.

– O carro ia ganhando espaço entre a festa do povo. Chegando perto da Zona Norte, comecei a ver o que havíamos construído. Viadutos a perder de vista, elevados, passarelas, canteiros floridos, acessos de fazer inveja à Copa da Alemanha. Um trem parecido com aqueles do Japão passava feito um raio do nosso lado trazendo os torcedores. Primeiro mundo, Dilma, primeiro mundo! Enfim chegamos na frente do estádio. Lá estava: "Arena Corinthians-Lula" escrito em um luminoso gigantesco de uns 100 metros que preenchia toda a fachada.

– Corinthians? Lula?

– Ah, sabe como é. Sou Corinthians, tenho um monte de amigos e parceiros na direção do clube... Deve ser por isso que sonhei. Tudo é possível nos sonhos, não é? Mas, como ia dizendo, chegamos no estádio. Lá dentro, as arquibancadas eram um mar de verde, amarelo e vermelho. Assim que aparecemos no telão, a torcida começou uma ola nunca vista na história deste país.

– Ai, Lula, chega desse bordão, ok?

– Você precisava ver, Dilma. Só pararam a ola quando nos sentamos no camarote bem no centro das arquibancadas, à vista de todos.

– Quem estava com a gente?

– Lembro bem que ao meu lado estava o Chavez, com aquela vitalidade de sempre, porque ele me pediu se podia dar uma palhinha no discurso – você ouviu e fez sinal de não. Mas devia ter uns cem chefes de Estado que vieram comprovar nosso sucesso. Chupa, Obama! [Risos] *Logo atrás, a cúpula do partido. O Zé Dirceu, o Genoino, o Palocci, o Paulo Cunha... Até a Rose e a*

Marisa trocando figurinhas, vê se pode! [Risos] *A cada pouco, eles levantavam juntos, colocam um braço para o alto com o punho fechado e gritavam "PT". E a galera repetia o gesto!*

– Ahã... Mas, e aí?

– Antes de começar o show, a arena veio abaixo quando você se levantou para o discurso de abertura. "Dilma, Dilma, I love you"; "Dilma, Dilma, I love you", gritavam alucinados. "Quer dizer: Dilma, eu te amo", você falou baixinho no meu ouvido. Levei a mão ao peito de emoção. Que sonho cosmopolita, né?

– Pois é, em sonho você vira poliglota.

– Depois de meia hora discursando e, mesmo com os pedidos de "Mais um! Mais um!", você mandou começar a cerimônia de abertura. Que coisa linda! Um show de efeitos especiais, acrobacias, música e dança. Tão bonito que fica difícil explicar... Parecia aqueles desfiles do Paulo Barros na Sapucaí, sabe? Espetáculo nunca visto antes na história desse planeta.

– Olha...

– Mas eu disse planeta! Bom, terminava com um show de Carlinhos Brown, Ivete Sangalo e Marisa Monte cantando a música da Copa. Nas arquibancadas, uma coreografia com painéis faziam o Fuleco derramar uma lágrima de alegria. Como aquele ursinho lá nas Olimpíadas da Rússia.

– Ui, até me emocionei aqui.

– Tem mais! Na hora da partida, a cada gol que o Brasil marcava, os jogadores vinham na frente do nosso camarote fazendo coraçõezinhos com a mão.

– Que fofo!

– O melhor é no final. Com a vitória do Brasil, ninguém mais conseguiu conter o povo. Eles invadiram o camarote e carregaram a gente nos ombros. Deram uma volta olímpica pelo cam-

po aos gritos de "Dilma, Dilma, I love you!". Depois nos levaram para fora do estádio. Na saída, – olha que louco – havia fileiras e fileiras de urnas eletrônicas. Empolgados, meio que em transe causado pela emoção, todo aquele povo passava apertando a sua foto e o "confirma". Os votos apareciam no painel gigante em tempo real. Ele foi se preenchendo de luzes vermelhas até que decretou: DILMA CAMPEÃ! E ali mesmo fizemos a festa da reeleição.

– Que loucura, Lula! Nem vou conseguir dormir mais!

– Por isso liguei. Foi tão forte, tão real, que precisava contar hoje mesmo,

– Nossa! Espero que esse sonho se realize daqui a quase quatro anos.

GRAMPO #1242

– Oi, Dilma, está acordada?

– Há dias não durmo... Está difícil, companheiro. Uma hora é o tomate, na outra a Petrobras... Já são quatro horas e ainda não preguei o olho.

– É que preciso te contar uma coisa. Estou preocupado.

– Não, Lula, eu NÃO VOU desistir de ser candidata. Precisa me ligar a essa hora para checar isso de novo?

– Que coisa! Deixa eu falar. Sonhei que era o dia da abertura da Copa.

– Ai, lá vem você de novo...

– Ouve, pô! Sonhei que era o dia da abertura da Copa. Você estava em São Paulo e a cidade inteira tinha um clima borocoxô nunca visto antes na história deste país em dia de estreia do Brasil. Poucas ruas pintadas, bairros inteiros sem decoração especial e mui-

ta gente nas ruas, presa no tráfego, mas poucos carros com bandeirinhas verdes e amarelas...

– E as vermelhas, que você viu naquele sonho há anos?

– Tinha duas. Por um momento me animei, mas eram de torcedores da Croácia. As outras desapareceram. Já com lágrimas pelo clima pesado e a cara fechada, você entrou em um Doblò verde de vidros escuros.

– E você, não está?

– Estranho... Não. Parecia que estava vendo tudo numa grande tela de TV 3D. Dessa vez não era mais um desfile em carro aberto. A Doblò seguia para o estádio. Durante todo o trajeto, teve que desviar várias vezes a rota para evitar grupos de pessoas mascaradas em confronto com a polícia. Eles levavam faixas: "Queremos hospitais padrão FIFA"; "Menos estádios, mais escolas"; "O Brasil precisa de saúde, educação e transporte campeões". Tinha também uma que não entendi: "Não foi só por R$ 0,20"...

– O que será que significa? Conta mais.

– O carro ia desviando dos protestos. Chegando perto da Zona Norte, não havia mais viadutos novos, elevados, passarelas, acessos, trem do Japão. Era quase tudo igual a hoje. De diferente, só uns tapumes, uns canteiros que pareciam recém plantados e duas cruzinhas brancas, dessas que colocam na beira de estrada onde aconteceram acidentes, sabe?

– Ui! E aí?

– Enfim você conseguiu chegar na frente do estádio.

– Na Arena Corinthians. Lembrei tanto do seu sonho quando vi que ia dar certo o estádio por lá. Considerei uma premonição boa na época... Me conta: no seu sonho conseguimos terminar ela?

– Daquele jeito, né? Mas não tinha o luminoso e nem o Lula no nome...

– Vai que no futuro...

– Pois é... Como ia dizendo, você chegou no estádio. Assim que entrou, sempre que via uma filmadora se abaixava ou ia para trás do segurança. Só saiu de uma salinha nos fundos dos camarotes para sentar em um canto mais escondido quando começou a cerimônia.

– Quem estava comigo?

– Era meio nebuloso, não dava para ver. Acho que o Temer...

– Ahã... Mas, e aí?

– Fiquei cabreiro que não teve nenhum discurso. Nadinha. O show já tinha começado quando você apareceu no telão. A arena veio abaixo.

– Ufa! "Dilma, Dilma, I love you", não é?

– Bem... Não... Tenho que te contar... Gritavam alucinados: "Dilma, Dilma, vai tomar no cu".

– Uia! Aposto que é mandinga do Patriota. O troco por todas as vezes que eu disse isso para ele.

– Depois disso, seguiu a cerimônia de abertura. Que coisa! Um show encenado por alunos da quinta série, com dancinhas e um povo correndo para lá e para cá vestido de árvore, samambaia, flor... As crianças, tadinhas, eram esforçadas, mas ficou meio mambembe, entende? Um papelão nunca visto antes na história das aberturas de Copa do Mundo.

– E o Carlinhos Brown, a Ivete Sangalo, a Marisa Monte?

– De uma bola no meio do campo saiu a Cláudia Leitte, um cara com pinta de traficante de Miami e uma estrangeira bonitona que não lembro o nome. Cantaram em playback uma música que não empolgou muito, não.

– Ai, céus! E o Fuleco? Ele apareceu para salvar a festa?

– Acho que foi extinto. Nem sinal...

– Ui, até me deu um embrulho no estômago agora.

– O pior foi no final. Mesmo com a vitória do Brasil, o povo parecia querer vaiar mais ainda. Você teve que sair de fininho. Deu a volta por uma saída exclusiva e entrou direto na Doblò de vidros escuros.

– E todas aquelas urnas eletrônicas? Nada?

– Isso foi o mais curioso. No lugar delas tinham fileiras e fileiras de barraquinhas de quermesse. As pessoas podiam selecionar entre pão de queijo, bolo de rolo e pizza. Escolhiam, apertavam um botão "confirma" e recebiam numa caixa eles quentinhos para levar para casa.

– Que loucura, Lula! Agora, sim, que não durmo nunca mais!

– Por isso liguei. Foi tão forte, tão real, que precisava contar hoje mesmo!

– Nossa! Temos um pouco mais de um ano para evitar esse pesadelo.

My God! Era só o que vinha à minha cabeça a cada minuto da transmissão da abertura da Copa do Mundo – há sacrifícios que devem ser feitos pela profissão, como assistir a partidas de futebol. Vi a cerimônia pelo *link* exclusivo cedido pela FIFA a todas as Bases da NSA, o *World Cup for Spies by FIFA*, um agrado pelos acordos de cooperação mútua. Quadro a quadro, as imagens materializavam no estádio o sonho de Lula que eu havia coletado em uma escuta há cerca de um ano.

Desci correndo os três andares subterrâneos até a caixa-forte que preserva as transcrições. Leitura de pupila, reconhecimento de voz, impressão digital. Tudo certo. Porém, estava tão agitado que, na hora da senha final, errei o número correspondente à Base Brasil. Contagem regressiva. Mantive o sangue frio e, 10 segundos antes da implosão automática do QG, acertei: "171".

Fui direto para a sequência de estantes do setor *Bullshit*. É ali que estão os arquivos de escutas que nada acrescentam às investigações. Ficam armazenados por cinco anos e, terminado o prazo, são incinerados. Certa vez solicitei à Base USA a redução do prazo para um ano com o intuito de liberar espaço. O setor *Bullshit* preenche ¾ da caixa-forte no Brasil com conversas sobre planejamento de viagens ditas oficiais, contratações de garotas de programa, negociações de cargos e comissões, combinações de churrascos, *ego-tripping-speechs* e outros temas sem utilidade para nossas investigações. "*Sometimes bullshit is gold*", escreveram na resposta negando minha petição. O fato de hoje me prova que talvez tenham razão.

Um rápida busca e a encontro: "Brilho Eterno de uma Mente Sem Lembranças". A pasta reúne todas as escutas dos sonhos de Lula e também suas conversas que ficam no limiar entre realidade e ficção. Subo às pressas. Confiro com o espião da Célula São Paulo encarregado da investigação em campo os itens referentes à operação fora do estádio, que eu não tinha condições de ver na transmissão. Doblò verde de vidros escuros. *Check*. Protestos no caminho. *Check*. Mudanças de rota. *Check*. Tapumes e canteiros recém-plantados. *Check*. Cruzinhas brancas. *No*. Barraquinhas de Quermesse. *No*. Fuga por uma área exclusiva. *Check*. Dilma mandando todo mundo tomar no cu. Bom, isso não estava no sonho, mas comprova a eficiência do nosso sistema de escuta a longas distâncias.

Tantas coincidências me fizeram quebrar a cabeça. Seria mesmo Lula um ser superior que consegue prever o futuro? Se o é, como ler o primeiro sonho, tão discrepante? Para chegar a uma resposta, precisei unir informações de três fontes distintas: as escutas no Palácio do Planalto, os dossiês periódicos que a FIFA envia para a NSA e uma monografia que apresentei no 47º Encontro Mundial de Espiões. Com o título de *Fake Touchdown*, ela reúne vasto material sobre a utilização do esporte como canal de cooptação das massas, fruto dos anos que eu era responsável pela Base China.

Depois de uma noite em claro, veio a iluminação: o primeiro sonho poderia, sim, estar correto também. Seria a premonição do que o Brasil veria caso todos os elementos tivessem se encaixado perfeitamente no período pré-Copa. Para a massa atingir o nível que chamo no estudo de "êxtase cego", ela precisa estar em júbilo completo com seus governantes. Não podem haver rachaduras nos três "pilares máximos" – termo de minha lavra – para o sucesso da alienação popular via o esporte: Honestidade, Eficiência e Bem-estar.

Bastou juntar os dados. As sucessivas denúncias de corrupção documentadas quebraram o pilar Honestidade. No caso do Brasil, ele até poderia ser recomposto rapidamente, pois constatei, com base nas eleições anteriores, que a população tem memória política curta. Porém, nos anos pré-Copa não houve tempo suficiente para o processo de esquecimento-recuperação entre as denúncias.

Segundo ponto: os dossiês da FIFA vinham indicando com considerável antecedência que o pilar Eficiência estava ruindo em virtude de atrasos, superfaturamentos e não entrega de obras prometidas. Segundo minha monografia, quando o discurso não bate com o que está a olhos vistos da população, os efeitos são contrários na cooptação das massas via o esporte. E mais: pronunciamentos em momentos críticos na tentativa de reverter o óbvio tendem a aumentar o grau de descrença.

Finalmente, para a análise do pilar Bem-estar não precisei recorrer às escutas, pesquisas ou tabelas econômicas. Os critérios da análise *Fake Touchdown* levam em consideração o descontentamento aparente dos cidadãos. Nesse caso, as manifestações populares ocorridas no último ano já me supriam de dados suficientes.

Fazendo o caminho inverso, ou seja, considerando que os "três pilares máximos" tivessem saído intactos na preparação para a Copa do Mundo, tudo se encaminharia exatamente para a materialização do primeiro sonho de Lula. O cenário seria de "êxtase cego", coroando com sucesso o encantamento das massas. O fato de ele ter tido um *update* três anos depois com o que realmente aconteceria, pode indicar um nível ainda mais elevado de premonição, capaz de ajustes de acordo com a realidade.

Essa incrível descoberta de que Lula é, muito possivelmente, um arauto do futuro próximo, abre novo precedente nas minhas investigações. Terei que retirar a pasta "Brilho Eterno de uma Mente Sem Lembranças" do setor *Bullshit* e reativá-la. O objetivo é reler todos os sonhos que ele narrou para seus companheiros a fim de encontrar novas revelações. Pelo que me lembro, uma das escutas em particular é de extrema importância para a soberania americana. Aquela na qual Lula conta que sonhou estar em Washington, na frente da Casa Branca, recebendo de Obama a faixa presidencial dos Estados Unidos.

RELATÓRIO DE REAVALIAÇÃO – GRAMPOS #713/#1242

Solicito a reativação da pasta "Brilho Eterno de uma Mente Sem Lembranças" para novas averiguações. Enviar comunicado à CIA de um possível caso de estudo da equipe responsável pela cooperação com o setor *X-Men*.

Comunico minha inscrição para o 55º Encontro Mundial dos Espiões com a apresentação da monografia *Fail Touchdown – Um caso de insucesso na utilização do esporte como canal de cooptação das massas.*

GRAMPO #1712

– Dilma, Lula, vocês já estão na linha?

– Positivo, companheiro.

– Aqui também.

– Perfeito. Temos que falar sobre ontem. Foi incrível!

– Como assim!? O mundo inteiro vendo ao vivo eu ser xingada e você diz que foi incrível?

– Pô, Santana!

– Ei, ei, ei! Calma aí, pessoal. Vou explicar. Já tenho tudo pensado. O que aconteceu ontem na abertura foi ideal para a gente.

– Isso porque não era o seu ali na reta...

– Você está chateada agora, Dilma, mas vamos fazer esse "Vai tomar no cu" virar um "I love you".

– Lula, você contou para ele?

– Não disse nada.

– Do que vocês estão falando!? Ei, atenção aqui, pessoal! Olha só, se tivessem sido apenas vaias, como lá em Brasília, a gente ia ter que ficar com o rabinho entre as pernas de novo. No máximo dizer que eles não representam o povo e aquele blá blá blá de sempre. Mas não ia colar outra vez. O "Vai tomar no cu" muda tudo.

– Pode parar de repetir a frase, por favor? Traumatizei.

– Ok, ok. Muda porque a oposição vai conseguir tirar proveito das vaias sem esbarrar no xingamento. Vão se morder de raiva, mas terão que, de certa forma, defendê-la, entende? Qualquer coisa fora disso vira desrespeito.

– Hum... Mas o que a gente faz?

– Temos que ser rápidos. Dilma, hoje mesmo você rebate. Diz que as agressões verbais não vão te perturbar ou enfraquecer. Quero um discurso forte! Então trate de não fazer aquela cara de cachorro na chuva de ontem.

– Ok, vou chamar o Kamura aqui para dar um up.

– É isso aí! Dá um jeito de falar que aquilo nem crianças e famílias poderiam ter ouvido. Isso toca o povo. O cara pode dizer falar palavrão na frente dos filhos todo almoço de domingo, mas quando joga isso na cara, ele visualiza a cena e se constrange... Quero levar eles para lá, com você. Quero que ouçam o "Vai tomar no cu" ao seu lado em um estádio cheio de crianças e famílias e também fiquem revoltados com isso. [...] *Opa, Dilma, eu falei "Vai...".*

– Sem problema, já estou gostando da frase.

– Até quem estava no estádio xingando ou em casa comemorando por dentro tem que parar para pensar no que fez. Assim trabalhamos o fato e isolamos a causa, ok?

– Entendido.

– Beleza. E se conseguir puxar algo da época da ditadura, da repressão... Tipo comparando as vaias à tortura, é o xeque-mate.

Daí mando nossos blogueiros dispararem de novo aquela sua foto com os militares atrás tapando a cara e trazemos o mote da mocinha versus os bandidos dessa história.

– Boa!

– Lula, deixo contigo o trabalho sujo.

– Manda!

– Você pode cair em cima. Diz que foi coisa da elite branca que estava no estádio. Gritos de gente bem nutrida, bonita, com título de doutor, que conseguiu pagar o ingresso... Nesse caminho. Joga que eles estão incomodados de ver pobre andando de avião, no shopping, no supermercado. Discurso para deixar o povão com raiva deles.

– Ok. Luta de classes.

– Isso, o de sempre. Porém, mais forte: ódio de classes mesmo. Assim já damos o start *no mote que vamos usar na campanha.*

– Start?

– Início, Lula. Também vale apelar para a educação. Dizer, sei lá, que vem de berço e que você, por exemplo, nunca faltou com o respeito a um presidente, algo assim...

– Putz, mas já chamei o Itamar de filho da puta, o Sarney de ladrão...

– Não importa. Ah! Me vieram duas ideias agora. Lula, diz que a Dilma era a única pessoa com rosto de pobre no estádio.

– Ai, Santana, assim você força a barra, né?

– Não é momento de pudores, Dilma. Com o Lula falando, eles vão olhar na sua cara e ver uma retirante, escuta o que estou dizendo.

– Vou cancelar o Kamura.

– Acho melhor. E tem mais essa: Lula, em algum evento você entrega uma flor para a Dilma.

– Pô, nem para a Marisa eu dou flor.

– Mas rende foto boa. Vai circular. Gera a comoção das mulheres, dá um cala-boca na imprensa e nos seus amigos para aquela conversa do "Volta Lula" e ainda é uma deixa para puxar também o mote de gênero. Os blogueiros podem trabalhar bem isso. Dizer que a elite é machista, não consegue engolir uma mulher no poder, tem raiva de uma presidenta... Enfim, por aí. A turma pira nesse lance feminista.

– Beleza, pode deixar.

– Lula, mas tem algo muito importante: nos próximos discursos controla a língua, ok? Nada, nada mesmo, de palavrão.

– Porra, Santana. Assim você me fode, caralho!

Gênio. Se algum dia eu descobrisse uma porta secreta para entrar na mente de alguém, como no filme *Quero Ser John Malkovich*, não teria dúvidas: João Santana. Imagino a intrincada rede de pensamentos que pululam enlouquecidamente na cabeça no marqueteiro do PT. Uma série de conexões analisando todas as alternativas até cravar a saída. Mestre na leitura de cenários adversos e nos mecanismos de persuasão popular, onde muitos veem o fundo do poço, ele enxerga escadas.

Uma das minhas maiores diversões é seguir os telefonemas em momentos de crise. Pelas escutas, antecipo a bola de neve em formação no governo federal. Sinto o desespero nas vozes, ouço as informações desencontradas, a confusão entre Dilma, Lula, ministros e assessores, as teorias e planos rocambolescos que formulam. "Por que não ligam logo para o Santana!?", grito sozinho no QG, com tanta força que faz tremular a bandeirinha americana sobre a mesa. Que se dane o que esses aí pensam! Estou é *blue* de curiosidade em saber a solução que o marqueteiro vai bolar. E ele nunca decepciona.

Comecei a acompanhar seu trabalho na campanha de 2006. As denúncias do mensalão haviam atingido todos os nomes mais fortes do governo e do Partido dos Trabalhadores. Os braços-direitos e amigos íntimos do presidente relacionados em um lamaçal de corrupção sem precedentes. Eu, particularmente, não via uma saída digna. Na minha interpretação, contava com a experiência que tive na Base Japão, onde casos semelhantes resultaram em *hairakiri* coletivo. Mas eu não conhecia o Santana. A redoma que ele conseguiu criar sobre Lula permitiu que o presidente saísse ileso. A postura "eu não sei de nada" colou e garantiu a reeleição.

A campanha de 2010 achei ainda mais interessante. Se o carisma de uma pessoa fosse representado por uma região do mundo, Dilma seria algo como a Sibéria, no inverno. "Nem todo o calor de Lula é capaz de esquentar essa candidatura", pensei na época. Ledo engano. Santana conseguiu o impossível. Os defeitos viraram qualidade. A cara amarrada: seriedade. O sorriso forçado, quase protocolar: simpatia discreta. Gaguejo e discurso truncado: esforço. Falta de experiência política: mérito. Tudo bem que o rival era José Serra, de empatia transilvânica, mas não tira o brilho da estratégia de campanha. E a persona Dilma foi tão bem construída que, hoje, até eu quase acredito que ela está curtindo demais estar rodeada de gente nas *selfies* postadas em seu Twitter.

Segui com curiosidade o desenrolar das estratégias durantes as manifestações de 2013. Todos foram pegos de surpresa – menos eu, que já previra nos monitoramentos da Base Brasil a gravidade da situação. As ações de Santana para reverter os prejuízos demoraram mais do que o tradicional. Seria um levante popular inesperado sua kriptonita? Que nada. Perspicaz, sabia que era preciso dar um tempo para a poeira baixar naturalmente. Aí surge Dilma. O *mea culpa* é dado quase pelas beiradas, como se não fosse ela e seu governo o alvo dos protestos nas ruas. Entes impalpáveis, como corrupção (geral, não a do PT), morosidade e crise internacional são apresentados como alguns vilões. A solução para combatê-los? A própria Dilma.

Às vezes imagino o que teria acontecido com alguns presidentes americanos se tivessem Santana como marqueteiro em momentos de crise. O caso Watergate não passaria de uma mentira da mídia golpista para derrubar Nixon. Bill Clinton, um injustiçado pelas mentiras da estagiária no episódio Monica Lewinski – e ela, claro, plantada na Casa Branca pela oposição para desestruturar o governo. Obama não seria cobrado por explicações relacionadas à espionagem, mas considerado uma espécie de parceiro no controle de informações. E George W. Bush... Bem, esse talvez nem com o trabalho de um gênio.

RELATÓRIO/GRAMPO #1712

Reitero a recomendação para a contratação imediata do publicitário brasileiro João Santana para integrar a equipe de contenção e gerenciamento de crises do presidente Obama. E solicito que em sua ficha, previamente enviada, o nível de sucesso seja elevado, de acordo com o *Manual do Espião*, para o patamar *Genius Prime – Level 5*.

Comunico a alteração da monografia a ser apresentada no 55º Encontro Mundial dos Espiões. O novo título é: *Fabulous Touchdown – Como reverter momentos de crise no processo de utilização do esporte como canal de cooptação das massas.*

PASTA INDEPENDENCE DAY

GRAMPO #1977

[Triiiiiim]

[Triiiiiim]

[Triiiiiim]

[Triiiiiim]

– Hello?

– Hi Mr. President. *Desculpe a demora em atender. A última vez que o* Red Phone *tocou aqui na Base Brasil deve ter sido há mais de uma década... O aparelho estava escondido no almoxarifado e...*

– Congratulations. *Tenho a honra de lhe informar que, a partir deste momento, você é um espião* Golden Eagle Supreme.

– *Jura!? Tá brincando!?*

– *Caro espião, eu, Barack Obama, na condição de presidente dos Estados Unidos da América, por acaso ligaria passando um trote?*

– *Desculpe,* Mr. President, *foi só modo de dizer.*

– *Preste atenção nos próximos passos.*

– Okay.

– *Reúna apenas os seus cinco últimos passaportes emitidos, o kit de sobrevivência e o* Manual do Espião.

– *Eu vou deixar o Brasil?*

– *Sim.*

– *Senhor, desculpe argumentar, mas estou em um momento crucial das investigações. As eleições para a presidência do país vão acontecer em alguns meses e prometem render um material precioso para nossos estudos. Tendo em vista os grampos telefônicos que venho acompanhando, será o pleito mais sujo já documentado por nós.*

– *Sua missão foi concluída com sucesso. Nunca antes na história da NSA um espião suportou tantos anos na Base Brasil.*

– *Jura!?* [...] *Desculpe, modo de dizer.*

– *Seus relatórios foram de suma importância para a criação do Departamento Global Anticorrupção no QG central.*

– *Fico honrado.*

– *Necessitamos de seus trabalhos em outra operação importante, por isso designamos para a chefia desse setor nos Estados Unidos um novo espião, recrutado no Brasil.*

– *Aqui? Eu posso saber quem é, senhor?*

– *Mr. Joaquim Barbosa. Nossas análises de resistência à pressão, caráter e conduta identificaram que ele seria a pessoa mais indicada para ocupar o cargo no mundo. Ele também alcançou o Level 10 em capacidade de identificação de modos avançados de corrupção política.*

– *Estou de acordo, Mr. President.*

– *Ele já solicitou a aposentadoria no Supremo Tribunal Federal para não despertar suspeitas. A partir de hoje, você deve tratá-lo pelo codinome Batman.*

– Como nos quadrinhos, senhor?

– Sim. Foi sua condição para aceitar o posto, além da manutenção do uso de toga no QG. Acatamos.

– Anotado.

– Atenção para as informações finais: você tem duas horas para se apresentar na base aérea secreta da NSA em Brasília. Mr. Batman embarcará no mesmo voo. O destino é o centro de pesquisa na selva amazônica, onde o espião David Beckham está simulando filmar um documentário. Ele passará as coordenadas seguintes.

– Entendido, Mr. President. Posso fazer uma pergunta final?

– A última.

– Por acaso foram vocês que deixaram um bilhete em minha mesa quando cheguei na Base Brasil?

– Caro espião, você e eu sabemos que isso não é permitido. Good bye. *Que a força esteja com você.*

Golden Eagle Supreme. Quantas vezes imaginei como seria receber a promoção. Repassava mentalmente possíveis diálogos com o presidente, anotava frases de efeito, treinava agradecimentos pomposos e um papo de honra aos Estados Unidos da América. Ao invés disso, saio com um "Jura!? Tá brincando!?". *Idiot*! *Well*, bola pra frente, como se diz em bom futebolês – pois é, estou fluente. Bem-vindo ao mundo dos Aston Martin e outros possantes, dos Velvet Martinis ao cair da tarde e das versões NSA das *bondgirls*. Você merece, *my friend*!

Ei, o que é isso no meu relógio!? Contagem regressiva de duas horas! Como eles conseguem coordenar todos os detalhes? Às vezes, nem eu sei. Falta 1 hora, 47 minutos e 15 segundos.

Iniciando o *checklist*. Últimos cinco passaportes emitidos. O documento indiano (necessário bronzeamento artificial prévio). *Check*. O australiano (fácil caracterização: população sem feições definidas). *Check*. O boliviano (basta vestir um poncho e um gorro com abas). *Check*. O italiano (recomendável guarda-roupa metrossexual). *Check*. Ah, não... E o quinto passaporte, meu carma: Carla Herrera Fuentes, uma matrona colombiana. Espero não ter que usá-lo, para evitar a depilação com cera novamente. *Check*.

1 hora, 32 minutos e 10 segundos. Kit de sobrevivência: *drunk-after pills*, caneta-pistola, digitais *fake*, boa-noite Cinderela, cinturão de utilidades, martini em pó, uma porção desidratada de dois hambúrgueres, alface, queijo, molho especial, cebola e picles em um pão com gergelim. *Check*. Só falta o *Manual do Espião* – bem que poderiam fazer uma versão *online* para evitar o peso de 432 páginas. *Check*.

1 hora, 15 minutos e 5 segundos. Será que dá tempo de fazer as últimas escutas como despedida? Vamos lá, jogo rápido. Apenas os personagens principais da minha história na Base Brasil. Primeiro, uma checada como está tudo lá em casa. Direcionando o grampo para o celular da Solange.

– Homem, você não vai acreditar! Estava aqui na casa do patrão e chegaram dois homens vestidos de terno preto, com aqueles óculos escuros e tudo. Falaram que eram amigos dele. Avisaram que o pai do professor estava no hospital e ele tinha voltado para os Estados Unidos. Tinham até um monte de fotos dos dois! Fizeram uma limpa total nos armários e no escritório. Depois lavaram a casa inteira. Me ofereci para ajudar, mas entraram outros

caras usando uns trem estranhos, tipo roupa do filme do E.T., sabe? Nem me meti, fiquei só de butuca. Na saída, entregaram a escritura da casa no meu nome e salário para um ano. É verdade! Minhas pernas estão tremendo até agora! Só disseram assim antes: "Te pedimos apenas uma coisa: fica de bico calado". Sim, sim, só contei para você. Boca fechada, ok?

Eles pensam em tudo mesmo. Solange, queria ter a possibilidade de te dizer obrigado pela ajuda. Você foi essencial para eu tentar compreender um pouco mais sobre o Brasil. E suas coxinhas são mesmo as melhores que provei, uma pena não ter pedido a receita.

A próxima é a Rosemary Noronha. Direcionando grampo para o Instituto Lula:

– Oi, meu querido, amei o show do Bruno & Marrone. Com direito a meet and greet *e tudo, hein? Que luxo! Obrigada pelos convites. Sobre aquele outro tema, sim, voltei à ativa, consigo a reunião para você no BB em uma semaninha, no máximo.*

Rose, fico feliz que está se recuperando. Bons tempos passamos juntos, *my darling*, ainda que você não soubesse. Infelizmente não pudemos nos conhecer pessoalmente. *Bye, bye.*

Bom, a próxima escuta pode ser com o Lula. Direcionando grampo para o comitê de campanha do Partido dos Trabalhadores:

– Então, companheiro, o negócio é o seguinte: se a gente sentir que vai dar uma merda muito grande, eu entro na jogada.

[...] *Sim, é possível. Dá para mudar até umas semanas antes da votação. Daí inventamos qualquer história cabeluda e eu entro para não perdermos a eleição. Não podemos deixar aquele moleque ganhar, caralho! Mas essa informação não pode sair daqui, entendeu?*

Lula, Lula... Sempre tão eloquente e pragmático. Se há uma pessoa com quem eu gostaria de sentar em uma mesa de bar e tomar uma caipirinha – ou três, no máximo – seria você. Ainda não compreendi por completo sua linha de pensamento, os esquecimentos repentinos de informações e fatos relacionados a seus amigos e essa raiva atávica contra a elite mesmo fazendo parte dela hoje. Lula, você será sempre um mistério para mim.

Já que estou na área, é a vez da presidente Dilma, ou presidenta, que seja:

– Imagina, Erenice! Acabou essa história do "Volta Lula". Verdade mesmo. Ele me garantiu. Falou que foi um surto dos correligionários que gostam muito do jeito dele de fazer política. [...] *Sim... Sei bem o que o "fazer política" quer dizer. Mas o certo é que o Lula falou que são águas passadas, que não preciso me preocupar. Bora mudar de assunto, vai? Que tal uma volta de moto? A gente foge dos seguranças e dá um rolê por Brasília.*

Dear Dilma, acho bom você escolher melhor as pessoas que te cercam. Você tem experiência suficiente para reconhecer infiltrados, mulher! Ultimamente não estava mais te reconhecendo. Cadê a Dilma forte, altiva, com opinião própria, hein? Caso pudesse de dar umas dicas, seriam: aulas de teatro para se soltar, um novo ministro da economia urgentemente e ler letrinhas miúdas nos contratos. Ok? Te cuida.

Não posso deixar de ouvir pela última vez meu ídolo. Muito aprendi sobre o comportamento humano e o pensamento das massas com o marqueteiro do PT, João Santana. Escuta direcionada para o comitê de campanha do Partido dos Trabalhadores novamente:

"Cancela tudo!!! Sei que tínhamos falado que a Copa ia ser o nosso trunfo. Estava dando certo, pô! A imprensa internacional babando o ovo e os jornalistas aqui do Brasil tendo que engolir em seco tudo o que falaram. O povo já seguia para o processo de adoração e as pesquisas de opinião sambando na cara dos concorrentes. Mas com esse vexame do sete a um no jogo com a Alemanha, temos que dar uma segurada no material. Deu uma broxada geral, sabe? Cancela toda a publicidade, os posts *encomendados para os blogueiros, as artes da Dilma saindo de dentro do Maracanã. Tudo. Mas não joga fora, não. É só o tempo de vermos como essa coisa vai ficar. Aguardemos as pesquisas. De repente, ainda podemos voltar com o mote, ok?*

Estava pensando aqui... Talvez não seja tão difícil nos encontrarmos pelos grampos telefônicos mundo afora. Não sei ainda para aonde vou, mas você fez e deve continuar coordenando campanhas em outros países. Será interessante acompanhar as diferenças em uma eleição na Venezuela, por exemplo, caso volte a atuar como marqueteiro por lá. Quem sabe rende até um novo *case* para o Encontro Mundial dos

Espiões. Aliás, tenho que me lembrar de deixar de *stand by* minha última inscrição. Se nem o Santana sabe se a Copa, afinal, vai ser boa ou ruim para a eleição da Dilma, quem sou eu para cravar uma opinião?

Agora vale uma passagem rápida pelos meus mais novos investigados. Como são apenas candidatos à presidência, comecei com os grampos recentemente. Só um chorinho de escuta:

Escritório do Aécio Neves: *"Quem fizer qualquer trocadilho com helicóptero, carreira ou neve novamente está fora da campanha, entenderam?"*

Comitê do candidato Eduardo Campos: *"Olha, amigo, se eu aguentar a Marina até o fim da campanha já será uma vitória."*

Casa da candidata à vice-presidência Marina Silva: *"Ai, Heloísa Helena, se arrependimento matasse, eu estava dura e estaqueada no chão. Quero ver o Eduardo me obrigar a subir em palanque com gente que eu preferia é ver bem longe!"*

Não será uma eleição das mais simples. Adoraria acompanhar, mas o dever maior me chama. Nossa! Quase esqueci de um dos principais personagens para minhas investigações no país. Direcionando o grampo para a rede de celulares do presídio da Papuda, em Brasília. Localizando o aparelho de Zé Dirceu:

– Espere um minutinho na linha, por favor. [Do que você quer Genoino? Ah, ok, anotado.] Voltei. Olha, então será uma pizza metade brasileira, metade napolitana. É para entregar para Zé Dirceu, aqui no presídio da Papuda. Isso mesmo. Mas, olha, anota aí: pizza gigante.

É... Há coisas que não vão mudar tão cedo no país.

33 minutos e 19 segundos. *My God*! Tenho que sair do QG agora! Obama não perdoa atrasos. Preciso realizar apenas uma última tarefa. Onde guardei o carimbo da NSA e o material para o lacre de cera? Achei! Vamos lá:

Bem-vindo, espião!

Quatro observações importantes sobre o Brasil:

1) Caipirinha não é suco, acredite.
2) Não tente entender a política brasileira.
3) Caso decida arriscar, leia meus relatórios.
4) Tome um antiácido antes.

Que a força esteja com você.

QUER SABER MAIS SOBRE A LEYA?

Fique por dentro de nossos títulos, autores e lançamentos.

Curta a página da LeYa no Facebook, faça seu cadastro na aba *mailing* e tenha acesso a conteúdo exclusivo de nossos livros, capítulos antecipados, promoções e sorteios.

A LeYa está presente também no Twitter e Google +

www.leya.com.br

facebook.com/leyabrasil

@leyabrasil

google.com/+LeYaBrasilSãoPaulo

Este livro foi composto em
Adobe Garamond Pro
e impresso para a LeYa
em agosto de 2014